* * *

40년 동안 설교 사역을 해오면서 한 번도 빌레몬서를 설교한 적이 없다. 그런데 이 짧은 서신에서 한 권의 설교집이 나올 정도로 깊이 있게 말씀의 실타래를 풀어낼 수 있다는 사실에 경이로움과 부끄러움을 동시에 느꼈다. 『바울로부터, 빌레몬에게』의 저자는, 복음의 진술과는 상관없어 보이는 도망친 노예에 대한 바울의 간청 속에서 복음의 정수를 발견해낸다. 은혜와 용서의 복음이, 깨어지고 뒤틀린 인간관계로 고통받는 현실 속에서 어떻게 작동하는지를 추상적이고 교리적인 개념이 아닌, 마음을 울리는 실제 스토리를 통해 전달한다. 오늘날 교회가 동일하게 겪고 있는 갈등과 문제에 복음을 적용하는 지혜를 얻을 수 있다. 신약을 전공한 학자이자 교회를 담임하는 목회자로서 저자가 엄밀한 성경 연구를 바탕으로 쉽고 명료하게 전하는 메시지를 들어보자.

박영돈 고려신학대학원 교의학 명예교수

* * *

이 책을 읽으며 빙산이 떠올랐다. 바다 위로 보이는 것은 빙산의 작은 일부분에 불과하다. 수면 아래에 훨씬 더 큰 부분이 잠겨 있다는 사실을 우리는 잘 알고 있다. 저자가 풀어내는 빌레몬서 역시 이와 같다는 생각이 든다. 겉으로 드러나는 이야기는 바울, 오네시모, 그리고 빌레몬, 이 세 사람의 관계다. 하지만 저자는 이들이 단순히 도망친 노예, 감옥에 갇힌 사도, 노예를 잃고 손해 본 주인이 아니라 하나님의 부르심을 받아 공동체를 이루는 자들이며, 그들의 인생에서 항상 하나님의 뜻을 찾으며 살아온 사람들이라고 말한다. 특히 이들 모두는 예수님께서 빚을 대신 갚아주신 자들로, 이들의 모습은 곧 우리의 자화상이기도 하다. 이 책을 읽다 보면 빌레몬서를 통해 우리가 현실 속에서 그리스도인으로서 어떤 결정을 내려야 할지를 배우게 된다. 저자는 우리의 행동이 우리 존재로부터 나온다는 점을 강조하며, 교회 공동체로서 하나님께 영광을 돌리는 것이 우리의 존재 이유임을 상기시킨다. 그리스도인으로 사는 것이 무엇인지를 고민하는 모든 성도들에게 이 책을 추천한다. 새로운 배움과 삶의 방향을 발견하게 될 것이다.

박은조 아프간 선교회, 중국 선교회 이사장, 한동대학교 교목실장

*　　*　　*

신약학자 N. T. 라이트는 한 장으로 구성된 짧은 편지인 빌레몬서를 신약성경에서 가장 중요한 책 중 하나로 꼽았다. 바울이 도망친 노예 오네시모를 주인 빌레몬에게 다시 돌려보내며, 그를 더 이상 노예가 아닌 사랑하는 형제로 받아들이라고 요청한 이 편지는 기독교 복음의 정수를 담고 있기 때문이다. 이는 마치 예수님께서 죄인인 우리를 위해 십자가에서 죽으시며, 하나님께 우리 죄를 용서해달라고 간청하는 모습을 연상시킨다. 죄인에서 형제로 격상되는 이 놀라운 신분 전환은 기독교 복음이 주는 위대한 선물일 뿐만 아니라, 그 복음을 받은 자들이 살아가야 할 과제를 보여준다.

이 책 『바울로부터, 빌레몬에게』는 이러한 복음의 전환과 진수를 11개의 설교로 풀어낸다. 저자가 신약학자로서 헬라어 원문을 꼼꼼히 주해하며, 다양한 주석들을 참고해 오랫동안 설교해온 내용을 담고 있다. 깊이 있는 신학적 해석과 함께, 일상에서 적용할 수 있는 실천적 지침을 제시한다. 빌레몬서 강해집이 많지 않은 한국 교회의 상황에서, 이 책은 학문의 건전성과 일상의 적용성을 균형 있게 갖춘 알찬 선물이 될 것이다. 복음의 본질을 바르게 이해하고 전하고자 하는 목회자들뿐만 아니라 일반 성도들에게도 일독을 적극적으로 권한다.

신원하 한국기독교윤리연구원 원장, 전 고려신학대학원 원장

* * *

좋은 설교는 지성을 자극한다. 『바울로부터, 빌레몬에게』에 실린 설교들은 꼼꼼한 주해를 통해 빌레몬서의 배경과 신학적 진리를 잘 담아내고 있다. 좋은 설교는 신앙적 정서를 일으킨다. 이 책의 설교들은 25절로 이루어진 짧은 빌레몬서 안에 담긴 가슴 뛰게 하는 복음을 생동감 있게 전달하고 있다. 좋은 설교는 실천으로 이끈다. 이 책에 담긴 11편의 설교들은 그리스도인으로서 어떻게 살아가야 할지 명확한 지침을 제시하며, 독자들이 실제 삶에서 복음을 실천할 수 있도록 이끈다. 학자이자 목사로서 저자가 전하는 이 탁월한 설교들은, 독자들이 복음의 강력한 은혜 속에서 새로운 삶을 향해 기쁜 마음으로 나아가게 한다. 이 책은 개인적으로 읽어도 유익하지만, 공동체가 함께 읽으며 그 안에 담긴 복음의 풍성함을 나누기를 더욱 추천한다. 1세기 빌레몬의 집에서 일어났던 놀라운 화해의 사건이 21세기 오늘날 우리의 삶 속에서 재현되는 역사를 보게 될 것이다.

우병훈 고신대학교 신학과, 교의학 교수

* * *

성경에는 숨겨진 보석 같은 책이 있다. 단 25구절로 이루어진, 짧지만 놓쳐서는 안 될 책 빌레몬서다. 『바울로부터, 빌레몬에게』는 독자들을 빌레몬서에 담긴 복음의 비경 속으로 안내한다. 복음이 핏기 없는 교리가 아니라 일상에서 진한 향기를 드러낼 수 있는 능력임을 보여준다. 신앙과 삶의 괴리가 커지고 신자들의 무기력함이 깊어지는 오늘날, 이 책은 복음을 어떻게 생동감 있게 살아낼 수 있는지에 초점을 맞춘다. 초신자부터 오랜 신앙생활을 해온 사람들까지 모든 이에게 유익할 이 책을 기쁘게 추천한다.

이규현 수영로교회 담임목사

* * *

이 설교집에서 우리는 세 인격을 만난다. 그중 첫 번째 인격은 빌레몬서의 저자인 사도 바울이다. 저자는 신약학 박사로서 빌레몬서를 깊이 분석하고 날카로운 지성을 통해 바울의 의도와 메시지를 분명하게 드러낸다. 두 번째 인격은 예수 그리스도시다. (바울이 본받았듯이) 우리 죄의 빚을 대신 갚아 주신 그리스도가 이 책의 전체를 거닐며 중심을 잡고 계신다. 마지막 인격은 바로 저자 자신이다. 이 책의 곳곳에서 저자는 자신의 경험과 묵상을 통해, 한 사람이 어떻게 말씀 앞에 무릎을 꿇고 회개하며 순종하는지를 진솔하게 보여준다. 독자는 이 세 인격의 이야기를 통해 자신을 돌아보고, 그 과정에서 인격이 다듬어지고 거룩해지는 경험을 하게 될 것이다.

이정규 시광교회 담임목사

바울로부터, 빌레몬에게

작은 편지 속 위대한 복음

바울로부터, 빌레몬에게

김창훈

좋은**씨앗**

작은 편지 속 위대한 복음

바울로부터, 빌레몬에게

초판 1쇄 발행   2024년 10월 30일

지은이	김창훈
펴낸이	신은철
펴낸곳	좋은씨앗
출판등록	제4-385호(1999. 12. 21)
주소	서울시 서초구 바우뫼로 156, 402호
영업부	TEL (02)2057-3041 FAX (02)2057-3042
대표메일	good-seed21@hanmail.net
페이스북	www.facebook.com/goodseedbook

ISBN 978-89-5874-405-4 03230

ⓒ 김창훈 2024

이 책의 저작권은 저자 및 저자와 독점계약한 도서출판 좋은씨앗에 있습니다.
저작권법에 의하여 보호받는 저작물이므로 무단 전재와 무단 복제를 금합니다.

차례

들어가며 —————————————————— 10

서론: 복음의 큰 은혜를 품고 있는 작은 책 ——— 13

1장 그리스도인은 어떤 사람인가? ——————— 23

2장 교회는 어떤 공동체인가? ————————— 37

3장 그리스도께 영광을 돌리고 있습니까? ——— 51

4장 복음이 우리에게 가져온 변화 ——————— 67

5장 성도는 어떻게 복음 사역을 수행하는가? —— 83

6장 성도는 서로를 어떻게 보아야 하는가? ——— 99

7장 "그것을 내 앞으로 계산하라" ——————— 113

8장 주님의 기쁨이 되는 성도입니까? ————— 129

9장 "나를 위하여 숙소를 마련하라" ————— 143

10장 바울의 다섯 동역자들 ————————— 157

11장 "은혜가 있을지어다" —————————— 174

미주 ——————————————————— 189

들어가며

이 책은 울산시민교회에서 빌레몬서를 강해하며 받은 깊은 은혜와 감동에서 시작되었습니다. 비록 짧은 한 장의 서신이지만, 빌레몬서는 위대한 복음의 메시지를 담고 있습니다. 사도 바울이 빌레몬과 오네시모 사이에서 보여준 사랑과 중재는 오늘날 우리에게 화해와 용서의 중요성, 그리고 복음의 놀라운 능력을 다시금 상기시켜줍니다.

특히 바울이 "오네시모의 빚을 내 앞으로 계산하라"고 한 말에서, 우리는 예수님이 "인류가 하나님께 진 죄의 빚을 제게로 돌려주십시오"라고 간구하신 목소리를 떠올리게 됩니다. 오네시모를 대신해 그의 빚을 감당하겠다는 바울의 태도는, 십자가에서 인류의 죄를 대신 지신 예수님의 모습을 상징적으로 그려냅니다. 이 대목에서 우리는 단순히 바울의 사랑을 볼 뿐만 아니라, 우리를 향한 예수님의 무한한 사랑을 심장으로 느끼게 됩니다.

이 책을 읽을 때, 복음으로 변화된 바울이 죄 가운데 있던 오네시모를 복음으로 새롭게 하고, 빌레몬에게도 복음의 정신을 실천하도록 도전하는 장면을 생생하게 그려보기를 권합니다. 복음이 하나님과 인간, 그리고 인간과 인간 사이에서 일으키는 변화를 여러분의 삶에서도 경험하고, 그 힘을 목도하게 되기를 바랍니다.

복음의 본질을 더 깊이 이해할수록 우리는 더 겸손해지고 감사하게 되며, 하나님과 이웃을 사랑하게 됩니다. 반대로, 복음을 충분히 이해하지 못할 때는 성도에게 합당하지 않은 교만, 시기, 탐욕, 분노, 정욕, 나태에 사로잡히기 쉽습니다. 부디 이 책이 빌레몬서의 메시지를 여러분의 삶에 구체적으로 적용하여, 복음의 능력을 직접 체험하게 돕는 도구가 되기를 소망합니다.

끝으로, 울산시민교회 강단에서 선포된 빌레몬서의 말

씀이 이 책의 독자들에게도 동일한 은혜로 다가가, 우리 모두가 복음의 너비와 길이와 높이와 깊이를 더욱 깨닫는 복을 누리기를 기도합니다.

2024년 가을
차나무와 구름의 마을(茶雲洞)에서
김창훈

서론:[1]
복음의 큰 은혜를 품고 있는 작은 책

빌레몬서는 사도 바울이 동역자 빌레몬에게 보낸 짧은 편지입니다. 친근한 어조로 쓰인 이 편지에는 노예제도라는 꽤 무거운 주제가 담겨 있습니다. 이 짧은 편지가 왜 신약성경에 포함되어 있는지 의아해하는 사람들도 종종 있습니다. 그래서인지 빌레몬서는 설교 강단에서 잘 다루지 않고, 성경공부 모임에서도 가르치거나 배우는 일이 비교적 드뭅니다.

이 편지에서 바울은 빌레몬에게 그의 노예 오네시모를 용서하고 기꺼이 맞아들이라고 요청합니다. 이러한 요청은 매우 개인적이고, 기독교 교리와 큰 연관이 없어 보일 수도 있습니다. 그러나 '짧은 편지' 빌레몬서에는 '위대한 복음'의 정수가 담겨 있습니다. 이 편지는 교회와 기독교 신앙에 어떤 기여를 해왔을까요?

빌레몬서의 저자와 연대

학자들 대부분이 빌레몬서의 저자가 사도 바울이라는 데 동의합니다. 1절에서 바울은 자신을 '그리스도 예수의 죄수'(한글성경은 "그리스도 예수를 위하여 갇힌 자")라고 칭합니다. 빌레몬서는 바울이 가택연금되어 있는 동안 쓴 편지이며, 골로새서, 에베소서, 빌립보서와 함께 옥중서신으로 분류됩니다.

바울은 선교 사역을 하면서 세 차례 투옥되었습니다. 처음에는 제3차 선교여행 끝무렵 빌립보에서 투옥되었고(행 16:19-34), 두 번째는 예루살렘에서 체포된 후 가이사랴에서 2년간 수감되었습니다(행 24:27). 마지막으로는 로마에서 가이사에게 재판받을 날을 기다리면서 2년간 감금되었습니다(행 28:30). 빌레몬서를 기록한 장소로 수신처인 골로새와의 접근성 때문에 에베소가 거론되기도 하지만, 바울이 에베소에서 편지를 썼다는 언급은 서신 어디에도 나오지 않습니다. 가이사랴에서 투옥 중에 기록했다고 보는 시각도 있으나, 옥중서신 어디서도 가이사랴에 대한 언급은 없습니다. 가장 개연성 높은 장소는 로마로, 빌립보서 1장 12-26절에 나오는 투옥을 암시하는 말이 그 근거입니다.

골로새서 4장 7-9절에 따르면, 빌레몬서는 골로새서와 같은 시기에 기록된 것으로 보입니다. 골로새서는 에베소서보다 먼저 쓰인 것으로 추정되며, 두 서신은 유사한 언어와 주제를 공유하고 있습니다. 바울이 골로새서를 먼저 쓴 후, 이를 확장하여 더 긴 에베소서를 쓴 것으로 보입니다. 따라서 골로새서와 빌레몬서는 주후 61년경에, 에베소서는 그 후인 61-62년경에, 빌립보서는 바울이 62년 석방되기 직전에 기록된 것으로 보입니다. 이와 같은 연대 순서를 따를 때, 빌레몬서를 기록할 당시 바울은 로마의 "셋집"에 머물며 재판을 기다리는 가운데 6개월에서 1년가량 연금 상태에 있었던 것으로 보입니다(행 28:23, 30). 이 사적인 편지는 두기고와 오네시모가 골로새서와 함께 운반했을 가능성이 큽니다(골 4:7-9).

골로새 교회는 바울이 제3차 선교여행을 할 때 세워졌습니다. 당시 바울은 에베소에 머물면서 아시아 지역 곳곳에 선교팀을 파송했는데, 요한계시록 2-3장에 나오는 일곱 교회가 바로 그 지역에 있었습니다. 에바브라는 골로새 교회의 설립자이자 첫 목회자로 섬겼습니다(골 1:3-8). 빌레몬은 그 교회의 부유한 지도자였으며, 바울에게 "동역자"로 불린 인물이었습니다. 그는 바울을 후원하며 골로새에서 가정교회를 이끌었습니다.

빌레몬서의 작성 배경

바울은 빌레몬과 그의 가정교회에 편지를 쓰면서, 빌레몬의 노예 오네시모의 문제에 개입합니다. 빌레몬과 오네시모는 심각한 갈등 상황에 처해 있었고, 오네시모는 아마도 피난처를 찾아 로마로 와서 바울에게 도움을 요청했을 것입니다. 로마에서 바울의 전도를 받아 회심하고 그리스도를 영접한 오네시모를 골로새로 돌려보내어 빌레몬과 화해시키는 것이 바울에게는 급선무였습니다.

빌레몬과 오네시모 사이의 갈등이 구체적으로 무엇이었

는지는 명확하지 않습니다. 전통적으로는 오네시모가 빌레몬의 물건을 훔치고(18절), 도망친 후(15-16절) 로마에 도착했다는 견해가 지지를 받고 있습니다. 오네시모가 바울을 도우며 몇 달간 함께 지내다가 그에게 주인과의 문제를 고백했을 것입니다. 이를 들은 바울은 오네시모를 빌레몬에게 돌려보내 법적인 문제를 해결하고 두 사람이 화해하기를 원했습니다.

그러나 이 견해에는 약점이 있습니다. 본문에 도둑질이나 도주와 같은 일이 명확히 언급되지 않아 추론에 의존해야 한다는 점입니다. 18절에서 오네시모가 빌레몬에게 잘못을 저질렀고 빚을 졌다고 언급되지만 도둑질이라고 명시되지는 않습니다. 하지만 고대 로마 문화에서 이런 일은 흔히 일어날 수 있었기에 이 해석은 여전히 설득력이 있습니다.

빌레몬서의 작성 목적

바울이 빌레몬에게 오네시모를 해방시켜 자유민으로 만들라고 요청했는지에 대해서는 논쟁이 있습니다. 빌레몬서는 이 주제를 명확히 다루지 않아, 많은 학자들은 바울이 노예제라는 법적인 문제에 초점을 두지 않았다고 주장합니다. 그저 오네시모를 그리스도 안에서 형제로 받아들이라고 요청했을 뿐이라는 것입니다. 바울이 당대의 그리스도인들과 마찬가지로 노예제를 진지하게 비판한 적이 없다는 점을 근거로 듭니다. 노예제는 로마 사회의 중심에 깊이 뿌리박힌 사회제도였고, 초기 교회의 초점은 그리스도가 제시한 새로운 길을 따르는 데 있지 세속사회를 변혁하는 데 있지 않았다는 것입니다.

그러나 이러한 견해는 바울의 관점을 과소평가하고 있습니다. 비록 로마 제국의 사회제도를 갈아엎을 계획은 없었으나, 바울은 동역자이자 아들 같은 오네시모의 자유를 진심으로 바랐습니다.

13절, 15절, 16절의 표현은 그가 오네시모의 자유를 진정으로 추구하고 있음을 보여줍니다. 빌레몬은 로마에 있는 사도 바울의 사역을 돕기 위해 골로새를 떠날 수 없는 형편이었고, 바울은 빌레몬이 의무를 행할 수 없다면 적어도 오네시모를 로마로 돌려보내어 자신을 돕게 해달라고 요청합니다. 이 일이 제대로 이루어지려면 오네시모가 자유인이 되어야 한다는 전제도 여기에 포함됩니다. 21절에서 바울은 "네가 내가 말한 것보다 더 행할 줄을 아노라"고 말했습니다. 이는 단지 오네시모를 로마로 돌려보내라는 의미였을까요, 아니면 그를 노예 신분에서 해방시키라는 의미도 포함하고 있었을까요?

빌레몬서는 다분히 개인 서신의 성격을 띠고 있습니다. 그럼에도 불구하고 신약성경에 포함된 이유는 무엇일까요? 비록 개인적인 문제를 다루지만, 그 안에 모든 시대의 교회에 적용될 수 있는 중요한 주제들이 담겨 있기 때문입니다. 첫째, 바울이 갈등을 중재하는 모습에서 갈등 해결의 모범을 배울 수 있습니다. 둘째, 바울이 교회를 가족처럼 여기는 모습에서 오늘날 교회의 모습이 어떠해야 하는지를 배울 수 있습니다. 셋째, 교회의 복음 사역을 최우선으로 하는 관점을 통해 중요한 교훈을 얻을 수 있습니다.

본문에 나타난 그리스도의 대속

바울은 오네시모와 빌레몬의 화해를 위해 이렇게 말합니다. "그가 만일 네게 불의를 하였거나 네게 빚진 것이 있으면 그것을 내 앞으로 계산하라"(18절). 이는 바울이 사랑하는 오네시모의 잘못을 대신 감당하겠다는 뜻으로, 오네시모가 빚에서 자유롭게 되도록 자신이 대신 빚을 갚겠다는 의미입니다. 이것은 정확히 예수 그리스도가 우리를 위해 하신 일과 같습니다. 바울이 오네시모를 위해 치르려는 희생은 그리스도가 인류를 위해 십자가에서 행하신 대속의 죽음을 반영합니다. 이처럼 빌레몬서는 25절로 이루어진 짧은 편지이지만, 기독교 복음의 핵심을 감동적인 이야기로 담아내고 있습니다.

빌레몬서의 구조

서론 (1-7절)	• 인사(1-3절) • 빌레몬의 사랑과 믿음에 대한 감사(4-5절) • 빌레몬을 위한 기도(6-7절)
본론 (8-20절)	• 바울과 빌레몬의 관계(8-9절) • 영적 아들 오네시모를 위한 간구(10절) • 오네시모가 골로새로 돌아가는 이유(11-12절) • 오네시모가 로마로 돌아오기를 원하는 이유(13-14절) • 빌레몬에게 오네시모를 그리스도 안의 형제로 받아들이라는 요청(15-16절) • 바울을 영접하듯이 오네시모를 영접하라는 권고(17절) • 오네시모의 빚을 대신 갚겠다는 바울의 약속과 빌레몬이 바울에게 진 빚을 상기(18-19절) • 빌레몬이 순종할 것이라는 바울의 확신(20절)
결론 (21-25절)	• 바울의 확신과 방문 희망(21-22절) • 동역자들이 전하는 문안(23-24절) • 강복 선언(25절)

1

그리스도인은 어떤 사람인가?

빌레몬서 1절
그리스도 예수를 위하여 갇힌 자 된 바울과 및 형제 디모데는
우리의 사랑을 받는 자요 동역자인 빌레몬과.

빌레몬서는 25절로 구성되었고, 원문은 334개의 단어로 이루어진 작은 책입니다. 신약성경의 요한이서, 요한삼서, 유다서처럼 한 장으로 이루어진 서신입니다. 그러나 짧은 내용 속에 기독교 복음의 정수가 담겨 있습니다. 이 빌레몬서를 통해 하나님이 주시는 은혜를 나누고자 합니다. 먼저 1절의 도입부를 중심으로 "그리스도인은 어떤 사람인가"를 묵상하겠습니다. 바울 사도가 빌레몬에게 보낸 이 편지, 계시된 말씀 속에서 하나님이 원하시는 그리스도인의 모습을

깨닫고 확신하기를 바랍니다. 빌레몬서가 말하는 그리스도인은 어떤 사람일까요?

첫째, 그리스도를 위해 갇힌 자입니다

"그리스도 예수를 위하여 갇힌 자 된 바울과"(1절).

그리스도인은 다름 아닌 그리스도를 위해 갇힌 자입니다. 이는 자기 잘못으로 인해 갇힌 자가 아니라, 그리스도의 복음을 위해서라면 기꺼이 갇힐 수 있는 각오로 사는 자를 의미합니다. 빌레몬서에는 '갇혔다'라는 단어가 네 번 등장합니다(1, 9, 10, 13절).[2] 바울의 다른 서신서에도 '갇힌 자'라는 표현이 많이 나옵니다. "이러므로 그리스도 예수의 일로 너희 이방인을 위하여 갇힌 자 된 나 바울이 말하거니와"(엡 3:1), "그러므로 너는 내가 우리 주를 증언함과 또는 주를 위하여 갇힌 자 된 나를 부끄러워하지 말고 오직 하나님의 능력을 따라 복음과 함께 고난을 받으라"(딤후 1:8)와 같은 구절에서 알 수 있듯이 바울은 자신을 '갇힌 자'로 표현하는 데 주저함이 없습니다.

바울은 빌립보, 가이사랴, 로마 등에서 수개월에서 수년간 감옥에 갇혔습니다. 여러 도시를 다니며 복음을 전하다가 유치장 같은 곳에도 갇히곤 했습니다. 그리스도를 위한 일이라 하더라도 감옥에 갇히면 몸과 마음이 고생스럽습니다. 고대의 감옥은 현대의 감옥보다 훨씬 환경이 열악했습니다. 음식은 굶어 죽지 않을 정도로만 제공되었고, 수감자들은 질병과 영양 부족에 시달렸습니다. 난방은커녕 생필품도 제공되지 않아 수감자가 밖에 있는 가족이나 지인에게 도움을 요청해야 했습니다. 바울은 이러한 고난을 감수하며 복음을 위해 헌신했습니다.

우리나라의 교회사에도 '출옥성도'라고 불리는 사람들이 있습니다. 일제 강점기에 신사참배를 반대하여 투옥되었다가 8.15 광복 이후 풀려난 한상동, 주남선 목사 등이 그들입니다. 당시 복음을 타협한 다수의 목회자와 교회는 오히려 복음을 지킨 소수의 이들을 핍박하고 교단에서 내쫓았습니다. 부당하게 제명된 출옥성도들이 신사참배 거부와 순교의 정신을 계승하여 대한예수교장로회 고신이라는 새로운 교단을 세웠습니다. 바울도, 한상동 목사도 모두 예수 그리스도께 충성을 다하기 위해 감옥에 갇히는 것을 두려워하지 않은 진정한 그리스도인이었습니다.[3]

오늘날 우리 사회에서 그리스도를 위해 감옥에 갇힐 일은 거의 없습니다. 그렇다면 이 시대에 그리스도를 위해 갇힌다는 것은 무슨 의미일까요? 신앙을 지키기 위해 손해를 보거나, 그리스도인으로서 정직하게 살기 위해 불편을 겪거나, 복음을 전하다가 불이익을 당하는 것에 적용해볼 수 있습니다. 예배당에 나와 "내 생명 주님께 드리리"라고 찬양곡을 부르면서도 실제 생활에서는 작은 손해나 불편조차 거부하거나 두려워하고 있지는 않습니까? 그리스도를 위해 감옥에 갇혔던 바울과 신앙의 선배들을 떠올리며 그 발자취를 따라가는 우리가 됩시다.

둘째, 그리스도께 사로잡힌 자입니다

"그리스도 예수께 사로잡힌 자 된 바울은"(1절, 사역).

한글성경에 "그리스도 예수를 위하여 갇힌 자"로 번역된 이 구절은 "그리스도 예수께 사로잡힌 자"로도 표현할 수 있습니다. 바울은 자신을 그리스도께 사로잡힌 자, 즉 '그리스도의 종'으로 인식했습니다. 다른 서신에서도 그는 자신이 '그리스도께 사로잡혔다'고 말합니다. "나는 이것을 이미 얻은 것도 아니며, 이미 목표점에 다다른 것도 아닙니다. 그리스도[예수]께서 나를 사로잡으셨으므로, 나는 그것을 붙들려고 좇아가고 있습니다"(빌 3:12, 새번역). 바울은 자신을 '그리스도의 종'이라고 자주 소개합니다. "예수 그리스도의 종"(롬 1:1), "그리스도의 종"(갈 1:10), "하나님의 종"(딛 1:1)으로 자신을 나타냅니다.

종의 특징은 무엇일까요? 종은 주인에게 절대적으로 순종하고 생사여탈권을 맡긴 자입니다. 그러니 나쁜 주인 아래 있다면 오롯이 순종할 때 망할 수 있습니다. 그러나 예수 그리스도는 우리를 진심으로 사랑하는 주인이십니다. 그분은 순종하는 자의 삶에 선을 이루십니다. 그분께 생사를 맡기면 우리를 사망에서 건져내고 생명을 주십니다.

무언가에 강력하게 사로잡힌 사람을 본 적이 있습니까? 중독은 일종의 '강력한 사로잡힘'을 경험하는 상태입니다. 알코올이나 마약에 중독된 사람은 그것에 붙들려 삶이 파괴되는데도 벗어나지 못하고 허덕입니다. 그러나 예수님께 사로잡히면 그분이 주시는 구원과 행복을 경험하게 됩니다. 그래서 그리스도인은 더욱 예수님께 사로잡히고 순종하기를 원합니다.

사랑하는 여러분, 인생의 주도권을 그리스도께 맡기십시오. 인생의 운전대를 그분께 내어드리십시오. 내가 주인이 되는 인생을 살려 하지 마십시오. 그리스도의 종으로 살겠다고 결단하십시오. 그것이 하나님이 기뻐하시는 삶이며, 근심에서 벗어나 자유로운 삶입니다. 그분이 우리의 믿음과 가치관, 소망을 다스려 그분의 눈에 아름답게 변화시키실 것을 믿고 나아가기를 바랍니다.

셋째, 그리스도께 받은 사랑을 나누는 자입니다

"우리의 사랑을 받는 자요 동역자인 빌레몬과"(1절).

그리스도인은 그리스도께 받은 사랑을 다른 사람들과 나누는 자입니다. 본문에서 "사랑을 받는"으로 번역된 헬라어 형용사 '아가페토스'(ἀγαπητός)에는 성도들의 사랑을 받는다는 뜻도 있지만, 하나님의 사랑을 받는다는 뜻도 있습니다.

바울은 빌레몬이 교회 성도들에게 보여준 사랑을 칭찬합니다. "주 예수와 및 모든 성도에 대한 네 사랑과…"(5절). "형제여, 성도들의 마음이 너로 말미암아 평안함을 얻었으니 내가 너의 사랑으로 많은 기쁨과 위로를 받았노라"(7절). 빌레몬은 골로새 교회의 평신도 지도자였던 것으로 보입니다. 그의 집에서 교회 모임을 열 정도였으니 재력도 있었을 것입니다. 그는 영적으로나 물질적으로 그리스도의 사랑을 풍성히 받았고, 그 사랑을 혼자 간직하지 않고 나누며 살았습니다. "사랑을 받아본 사람이 사랑할 줄 안다"는 말처럼, 하나님께 받은 사랑이 마음에 가득 차 있는 사람은 자연스레 그 사랑을 다른 사람들과 나누게 됩니다.

우리는 이와 같이 하나님께 받은 복을 세상에 나누어야 합니다. 믿음의 조상 아브라함은 '열방을 향한 복의 근원'이 되라는 사명을 하나님께 받았습니다. "내가 너로 큰 민족을 이루고 네게 복을 주어 네 이름을 창대하게 하리니 너는 복이 될지라…땅의 모든 족속이 너로 말미암아 복을 얻을 것이라"(창 12:2-3). 출애굽기 19장 6절에서는 이 사명을 "제사장 나라"가 되는 것으로 표현합니다. 하나님께 받은 복을 세상에 나누고, 하나님과 세상을 잇는 축복의 통로가 되는 것이 바로 제사장 나라가 된다는 의미입니다.

헨리 나우웬은 본래 하버드 대학교의 기독교 상담학 교수였습니다. 어느 날 그는 교수직을 떠나 캐나다 토론토에 있는 장애인 거주시설 데이브레이크에 들어갔습니다. 그곳에서 남은 일생을 장애인들과 함께 울고 웃으며 기독교 영성에 관한 책을 썼습니다. 명문대 교수이자 학자로서 많은 명예와 특권을 누렸던 나우웬은, 그 시절에는 그다지 행복하다고 느끼지 못했습니다. 그의 주변에 똑똑한 학생들이 많았지만, 그가 하나님께 받은 사랑을 나눌 때 기쁘게 받는 사람들이 거의 없었습니다. 그러나 발달장애인 공동체에 들어가 살면서 비로소 자신이 나누는 사랑을 기쁨으로 받는 사람들을 만났습니다. 자신 또한 그들에게 사랑받고 있음을 깨달았습니다.[4]

사랑하는 여러분, 그리스도의 사랑으로 채워져 그 사랑을 다른 사람들에게 흘려보내기를 바랍니다. 말씀과 기도, 찬양, 목장 모임을 통해 하나님의 사랑을 풍성히 공급받으십시오. 그리고 그 사랑을 주위의 낮은 곳으로 흘려보내십시오. 하나님을 모르는 사람들에게 그분을 소개하고, 하나님과 멀어진 사람들을 그분 가까이로 이끄는 축복의 통로이자 제사장으로 살아가기를 축복합니다.

넷째, 동역자들과 함께 하나님 나라를 세우는 자입니다

"동역자인 빌레몬과"(1절).

그리스도인은 동역자와 더불어 하나님 나라를 세워 가는 자입니다. 헬라어로 '동역자'를 '쉰에르고스'(συνεργός)라고 합니다. '쉰'은 함께, '에르고스'는 일하는 자라는 뜻입니다. 하나님 나라는 혼자서는 세울 수 없습니다. 능력이 부족해서 안 되고, 외로워서 안 됩니다. 하나님 나라는 하나님이 택하신 일꾼들이 마음과 힘을 모아서 함께 세우는 나라입니다.

바울 사도는 팀 사역을 했습니다. 처음에는 바나바와 함께했고, 나중에는 실라와, 그 후에는 디모데, 아굴라, 에바브라와 함께했습니다. 24절을 보면 마가, 아리스다고, 데마, 누가 등 여러 사역자와 동역했다는 것을 알 수 있습니다.

하나님 나라는 그리스도가 머리 되시는 교회의 지체들과 '함께' 세우는 나라입니다. 하나님이 각 지체에게 주신 달란트를 사용하여 '함께' 세워갑니다. 모든 성도는 교회가 그리스도를 머리로 모시는 영광스러운 몸이며, 자신은 그 몸의 일부를 이루는 지체임을 알아야 합니다. 각 지체가 건강하게 협력하며 움직일 때, 몸 전체가 행복해지고 목표를 이룰 수 있습니다. 성도 한 명이 일을 잘한다고 해서 교회가 잘 굴러가지 않습니다. 성도들 모두가 한 마음으로 힘을 모을 때 건강하고 좋은 교회가 세워집니다.

예수님은 제자들이 서로 경쟁하고 질투하는 것이 아니라 삼위일체 하나님 안에서 하나가 되기를 소망하셨습니다. "아버지께서 내 안에, 내가 아버지 안에 있는 것같이 그들도 다 하나가 되어 우리 안에 있게 하사"(요 17:21). 그리스도인은 서로 비교하고 경쟁하는 대신 한 마음을 가진 팀이 되어 하나님 나라를 세우는 동역자, 쉰에르고스가 되어야 합니다.

목사인 저 역시 교회를 혼자 세울 수 없습니다. 혼자 할 수 있는 일도 있지만, 혼자 할 수 없는 일이 훨씬 더 많습니다. 그러므로 다양한 달란트를 가진 전문 사역자와 평신도 사역자가 함께해야 합니다. 어떤 일은 혼자 하는 편이 더 효율적일 수 있지만, 교회와 하나님 나라의 일은 더디더라도 지체들이 나누어 감당할 때 기쁨과 은혜가 넘칩니다. 목장이나 부서에서 혼자 할 수 있는 일이라 해도 지체들을 불러 함께 하는 것이 좋습니다. 교회는 '내 교회'가 아니라

'우리 교회'입니다. 하나님 나라는 '내 아버지의 나라'가 아니라 '우리 아버지의 나라'입니다.

오늘도 눈물로 한 알의 씨앗을 심읍시다

지금까지 "그리스도인은 어떤 사람인가"라는 주제로 말씀을 나누었습니다. 이 말씀에 부합한 그리스도인으로 살고 있는지 자신을 돌아보기를 바랍니다. 그리스도인은 그리스도를 위해 갇힌 자입니다. 그리스도께 사로잡힌 자입니다. 그리스도께 받은 사랑을 나누는 자입니다. 동역자들과 함께 하나님 나라를 세우는 자입니다.

이러한 그리스도인으로 살기 위해서는 성령님께 간구하여 능력과 지혜를 받아야 합니다. 그렇게 한다고 해서 반드시 열매가 금방 맺히는 것은 아닙니다. 아무리 전도하려고 애써도 마음문을 열지 않는 사람이 있고, 아무리 열심히 섬겨도 믿음이 잘 자라지 않는 성도도 있습니다. 주일학교 아이들이 교회에서 놀기만 좋아하고 말씀 배우는 데는 관심이 없어 실망스러울 때도 있습니다. 그래서 때로는 힘이 빠지고, 울고 싶고, 다 내려놓고 싶은 마음이 들기도 합니다.

그럴 때 주님은 "내가 함께할 테니 네 자리를 지켜줄 수 있겠니?" 하며 우리에게 힘을 주십니다. 그럴 때 우리는 하나님이 함께하심을 믿고, 눈물로 다시 한 알의 씨앗을 심습니다. 그것이 하늘을 바라보지만 이 땅에서 씨름할 수밖에 없는 우리 그리스도인들의 솔직한 모습입니다.

고형원 작사 작곡의 〈우리 함께 보리라〉라는 찬양이 이런 우리의 마음을 잘 표현해줍니다.

> 우리 오늘 눈물로 한 알의 씨앗을 심는다
> 꿈꿀 수 없어 무너진 가슴에 저들의 푸른 꿈 다시 돋아나도록
> 우리 함께 땀 흘려 소망의 길을 만든다
> 내일로 가는 길을 찾지 못했던 저들 노래하며 달려갈 그 길
> 그날에 우리 보리라 새벽이슬 같은 저들 일어나
> 뜨거운 가슴 사랑의 손으로 이 땅 치유하며 행진할 때
> 오래 황폐하였던 이 땅 어디서나 순결한 꽃들 피어나고
> 푸른 의의 나무가 가득한 세상 우리 함께 보리라

우리가 씨를 뿌리고 충성스럽게 사역해도 당장 열매를 거두지 못할 수 있습니다. 마음이 지쳐 주저앉고 싶어질지

도 모릅니다. 하지만 기억하십시오. 언젠가 때가 되면 하나님이 열매와 곡식을 얻게 하십니다. 장차 하나님이 행하실 그 일을 지금 눈앞에서 바라볼 수 있는 믿음의 눈을 가지기를 바랍니다. 주님이 보내주신 사역에서, 직장에서, 가정에서 하나님 나라와 교회, 그리고 한 영혼을 위해 묵묵히 한 알의 씨앗을 심는 그리스도인으로 살아가기를 주님의 이름으로 축원합니다.

O 오늘의 묵상

1. 그리스도를 위해 불편함이나 손해를 감수한 적이 있다면 나누어 보세요.
2. 내 삶이 그리스도께 사로잡혀 있음을 보여주는 증거는 무엇인가요?
3. 그리스도인으로서 어떻게 하나님의 사랑을 나누고 실천할 수 있을까요?
4. 하나님 나라와 교회를 세워 가기 위해 동역자들과 함께 일하는 것은 왜 중요할까요?

O 오늘의 기도

하나님 아버지, 빌레몬서를 통해 그리스도인의 참된 삶에 대해 가르쳐 주셔서 감사드립니다. 그러한 삶을 사모할 수 있도록 성령님이 우리의 마음을 다스려주시길 간구합니다. 먼저, 그리스도를 위해 손해와 불편을 기꺼이 감내하는 마음을 주십시오. 기꺼이 그리스도께 사로잡혀 살게 하시고, 그 은혜를 가족과 이웃과 나누게 해주십시오. 동역자들과 함께 사명을 다하며 하나님 나라를 이루어 가게 해주십시오. 당장 열매가 보이지 않아도, 동역자들과 목장과 교회를 통해 주님의 뜻이 이루어질 날을 바라보며 오늘 한 알의 씨앗을 심습니다. 우리 인생의 선한 주인이 되시는 예수님의 이름으로 기도합니다. 아멘

2
교회는 어떤 공동체인가?

빌레몬서 1-3절
¹ 그리스도 예수를 위하여 갇힌 자 된 바울과 및 형제 디모데는
우리의 사랑을 받는 자요 동역자인 빌레몬과 ² 자매 압비아와
우리와 함께 병사 된 아킵보와 네 집에 있는 교회에 편지하노니
³ 하나님 우리 아버지와 주 예수 그리스도로부터 은혜와 평강이
너희에게 있을지어다.

교회는 그리스도인의 신앙생활에서 중심이 되는 기관입니다. 그러나 회사, 동호회, 학교, 관공서 등과 같이 사람들이 각자의 목적을 이루기 위해 모이는 곳은 아닙니다. 교회는 예수님이 하나님의 뜻을 이루기 위해 이 땅에 직접 세우신 유일한 기관입니다. 이 장에서는 "교회는 어떤 공동체인가"에 대해 묵상하고자 합니다. 특히 3절을 중심으로, 하나님이 보여주시는 교회의 참된 모습을 발견하기를 바랍니다. 빌레몬서 1-3절에서 보여주는 교회는 어떤 공동체입니까?

첫째, 은혜와 평강을 서로 기원하는 공동체입니다

교회는 성도들이 서로에게 은혜와 평강이 가득하길 진심으로 기원하는 공동체입니다. 바울은 빌레몬에게 편지를 쓰며 "하나님 우리 아버지와 주 예수 그리스도로부터 은혜와 평강이 너희에게 있을지어다"(3절)라고 인사합니다.

이는 1세기 그리스-로마 문화권에서 편지를 쓴다면, 누구나 서두에 포함시킬 만한 내용입니다. 그러나 바울은 당시의 문화적 관습을 따라 형식적으로 인사말을 쓴 것이 아닙니다. 그는 빌레몬과 그의 가정과 교회 공동체를 향한 진심 어린 관심과 소망을 담아 인사를 건넵니다. 빌레몬은 바울의 그런 마음을 잘 느꼈을 것입니다.

제가 어릴 적, 아버지는 저에게 "누구에게든 인사를 잘해라. 인사를 잘 하면 좋은 인상을 줄 수 있다"고 말씀하셨습니다. 왜 인사가 중요할까요? 인사는 관심의 표현이기 때문입니다. 인사를 받을 때 우리는 자신이 관심받고 있음을 느끼고 감동을 받습니다. 나를 알아보는 사람이 있다는 사실에 놀라기도 합니다.

때로는 인사를 자존심의 문제로 여기는 사람들도 있습

니다. 그래서 먼저 인사하면 상대방보다 낮은 사람이 된다고 잘못 생각하기도 합니다. 하지만 인사는 타인을 존중하고 섬기는 귀한 행동입니다. 예수님도 부활하신 후에 제자들에게 인사를 건네셨습니다. "이 말을 할 때에 예수께서 친히 그들 가운데 서서 이르시되 너희에게 평강이 있을지어다 하시니"(눅 24:36). 예수님은 먼저 인사하며 제자들의 마음을 편안하게 해주셨습니다.

"은혜와 평강이 너희에게 있을지어다"라는 문구는 인사인 동시에 기원입니다. 기원은 짧은 기도를 뜻합니다. 바울은 하나님이 편지를 받는 이들에게 은혜와 평강을 주시길 기도하고 있는 것입니다.

이는 하나님의 이름으로 상대방을 축복하는 행위입니다. 하나님이 우리의 기원을 들으시고 합당하다고 여기면 그 내용을 실행하실 것이고, 합당하지 않다고 여기면 실행하지 않으실 것입니다. 기원은 그리스도인의 특권입니다. 그러므로 우리는 마음을 다해 적극적으로 기원하고 축복해야 합니다. 가정에서는 배우자와 자녀들에게, 직장에서는 동료들에게, 교회에서는 믿음의 동역자들에게 은혜와 평강이 임하기를 기원해야 합니다.

성경에서 인사를 잘한 사람으로는 룻기에 등장하는 보아스가 떠오릅니다. "마침 보아스가 베들레헴에서부터 와서 베는 자들에게 이르되 여호와께서 너희와 함께하시기를 원하노라 하니 그들이 대답하되 여호와께서 당신에게 복 주시기를 원하나이다 하니라"(룻 2:4).

보아스는 베들레헴의 유력인사이며 부자였습니다. 그는 자신의 밭에서 추수가 잘 진행되고 있는지 살피러 왔고, 특별히 말 없이 자리를 떠나도 되는 위치에 있었습니다. 그러나 그는 추수꾼들에게 존중의 마음을 담아 먼저 인사를 건넵니다. "여호와께서 너희와 함께하시기를 원하노라"라고 말했을 때, 추수꾼들도 "여호와께서 당신에게 복 주시기를 원하나이다"라고 화답했습니다. 이렇게 서로 인사하고 축복하며 기원할 때, 평화롭고 하나 된 공동체를 이룰 수 있습니다.[5]

사랑하는 여러분, 서로에게 은혜와 평강을 기원하는 교회 공동체가 되기를 바랍니다. 문자메시지로 문안을 전하십시오. 전화를 걸어 안부를 물으십시오. 특별한 용건이 없어도 "그냥 생각나서 전화했어요"라고 말해보십시오. 이러한 문안이 관심과 사랑을 보여줍니다. 이러한 문안이 많아질 때, '화목하여 소망이 넘치고 칭송받는 교회'가 될 수 있습니다. 서로를 향한 인사와 축복과 기원이 넘치는 교회가 되기를 바랍니다. 하나님의 복을 서로에게 기원함으로써 서로를 존중하고 사랑하며 섬기는 교회가 되기를 축복합니다.

둘째, 은혜와 평강이 삼위일체 하나님으로부터 오는 것을 기억하는 공동체입니다

교회는 서로에게 기원한 은혜와 평강이 다름 아닌 삼위일체 하나님으로부터 오는 것을 기억하는 공동체입니다. "하나님 우리 아버지와 주 예수 그리스도로부터 은혜와 평강이 너희에게 있을지어다"(3절).

바울은 교회와 성도에게 13개의 서신을 쓰면서 거의 모든 편지에서 수신자와 수신자의 교회에 은혜와 평강을 기원합니다. 그리고 그 은혜와 평강이 성부 하나님과 예수 그리스도로부터 온다는 사실을 명확히 밝힙니다. "하나님 우리 아버지와 주 예수 그리스도로부터 은혜와 평강이 있기를 원하노라"(고전 1:3), "우리 하나님 아버지와 주 예수 그리스도로부터 은혜와 평강이 있기를 원하노라"(갈 1:3) 등에서 이를 확인할 수 있습니다.

바울 사도뿐만 아니라 베드로 사도도 "하나님과 우리 주 예수를 앎으로 은혜와 평강이 너희에게 더욱 많을지어다"(벧후 1:2)라고 말했고, 요한 사도도 "은혜와 긍휼과 평강이 하나님 아버지와 아버지의 아들 예수 그리스도께로부터 진리와 사랑 가운데서 우리와 함께 있으리라"(요이 3절)고 말했습니다. 이처럼 하나님은 바울, 요한, 베드로 사도를 통해 교회가 은혜와 평강이 오직 성부와 성자로부터 온다는 사실을 기억하고 고백하는 공동체가 되어야 한다고 가르쳐주십니다. 성부와 성자는 신자에게 필요한 은혜와 평강, 즉 '복'을 주시는 분임을 기억해야 합니다.

그렇다면 여기에 왜 성령은 포함되지 않았을까요? 물론 성령도 신자에게 필요한 복을 주시는 분입니다. 그러나 성령은 성부와 성자가 주시는 복과 구원의 전달자로 역할하는 경우가 많습니다. 삼위일체 하나님 사이에는 높고 낮음이 없지만, 구원 사역을 위한 역할 분담이 존재합니다. 성령은 성부가 계획하시고 성자가 토대를 마련하신 구원을 적용하십니다. 신약성경에서 성령이 은혜와 평강의 출처로 명시되지 않은 경우가 많지만, 성부, 성자, 성령 모두가 신자에게 필요한 복의 근원이며 공급자이십니다.

하나님이 아브라함을 부르며 "아브람아, 두려워하지 말라. 나는 네 방패요 너의 지극히 큰 상급이니라"(창 15:1)고 말씀하셨습니다. 이는 미래를 알지 못해 두려워하는 아브라함에게 '하나님이 그에게 주어지는 상이요 복 자체'임을 일깨우며 그를 안심시키고 위로하신 것입니다.

하나님은 어떻게 우리의 복이 되실까요? 하나님은 우리를 사랑하시고, 그 사랑은 예수님의 십자가를 통해 우리에게 전달되어 우리의 삶과 운명을 변화시켰습니다. 그러므로 우리는 하나님이 복 중의 복이며 복의 근원이라는 사실을 담대하게 선포할 수 있습니다.

하나님은 모든 믿는 자에게 복을 주시는 분입니다. 우리가 하나님이야말로 우리에게 진정 복을 주시는 분이며, 복 자체라는 것을 깨닫길 원하십니다.

그러나 우리는 하나님보다 그분이 주시는 복에 더 집중할 때가 많습니다. 마치 선물에 정신이 팔려 선물을 준 부모의 마음을 잊어버린 아이와 같습니다. 존 파이퍼 목사는 "하나님의 가장 큰 경쟁자는 그분이 주시는 선물이다"라고 말했습니다. 하나님이 선물로 주신 복이 오히려 우리가 하나님을 사랑하지 못하거나 잘 알지 못하게 만드는 방해물이 될 수 있다는 뜻입니다. 우리의 이런 모습에 하나님은 얼마나 마음이 아프실까요?

시편 기자는 하나님이 복이심을 이렇게 고백했습니다. "내가 여호와께 아뢰되 주는 나의 주님이시오니 주밖에는 나의 복이 없다 하였나이다"(시 16:2). 원문에는 "주님을 떠나서는 나에게 좋은 것이 아무것도 없습니다"라고 표현되어 있습니다. 세상 사람들은 돈, 성공, 건강을 복으로 여깁니다. 하지만 아무리 좋아 보여도 하나님을 떠나서는 그 무엇도 진정한 복이 될 수 없습니다. 이런 것들은 우리가 하나님 안에 있을 때만 복이 될 수 있습니다.

하나님만이 모든 것을 복되게 하시며 참된 복을 주십니다. 하나님 자신이 진정한 복이십니다. 성부, 성자, 성령 하나님만을 참된 복으로 여기며 사랑하고 예배하는 성도가 되기를 바랍니다.

셋째, 하나님이 모든 성도의 아버지임을 기뻐하는 공동체입니다

교회는 하나님이 '내 아버지'이기보다 '우리 아버지'임을 기뻐하는 공동체입니다. "하나님 우리 아버지와 주 예수 그리스도로부터 은혜와 평강이 너희에게 있을지어다"(3절). 바울은 하나님을 "우리 아버지"라고 부릅니다. 하나님은 바울만의 아버지가 아니라 모든 믿는 자의 아버지이기 때문입니다. 교회는 하나님을 "우리 아버지"라고 부르는 사람들이 모인 곳입니다. 예수님을 구주로 영접하고 하나님의 자녀가 된 사람이라면 누구나 교회의 일원이 되어 교회 안에서 믿음을 키우고 거룩함을 이루어 가야 합니다.

하나님은 그리스도인들이 공동체 안에서 믿음을 키워 가기를 원하십니다. 오늘날 '가나안 신자'(교회에 '안 나가'는 기독교인)들처럼 혼자 신앙생활을 한다는 개념은 성경에서 찾아볼 수 없습니다. 구약성경과 신약성경 모두에서 하나님은 공동체를 중요하게 여기십니다. 구약에 등장하는 하나님의 이름 '엘로힘'은 복수형으로, 이는 하나님이 태초부터 성부, 성자, 성령의 공동체로 존재하셨음을 암시합니다.

예수님 또한 홀로 복음을 전하지 않으시고 열두 제자와 함께 생활하면서 그들을 훈련시키셨고, 열두 제자 외에도 70인 전도대를 조직하여 파송하셨습니다. 예수님의 승천 이후에는 120명의 성도들에게 성령이 강림하여 신약 교회가 시작되었습니다. 기독교 신앙은 공동체를 떠나서는 생각하기 어렵습니다.

하지만 공동체에는 항상 갈등의 소지가 있습니다. 사람이 모인 곳에서는 성격, 생활양식, 기호, 사고방식의 차이로 인해 갈등이 생기기 마련입니다. 그리스도인이라고 해서 저절로 좋은 관계가 형성되는 것은 아닙니다. 그러자면 많은 노력이 필요합니다. 교회는 완전한 사람들이 모인 곳이 아니라 자신이 죄인임을 인정하는 사람들의 집합소입니다. 교회 안에는 항상 "사랑할 수 없는 사람을 어떻게 사랑할 것인가" 하는 과제가 있습니다. 그래서 파커 팔머는 "공동체란 우리가 가장 함께하고 싶지 않은 사람과 언제나 같이 살아가는 곳"이라고 말했습니다.[6]

사랑하는 여러분, 교회 안에서 서로의 다양성을 포용합시다. 진리의 문제가 아니라면 덕을 세우기 위해 서로의 다름을 인정해주어야 합니다. "하나님이 세상을 이처럼 사랑하사"(요 3:16)라는 말씀에는 하나님이 모든 인종과 국가와 민족을 사랑하신다는 의미도 담겨 있습니다.

하나님의 자녀라면 누구든 품어주어야 합니다. 주님은 우리에게 죄를 짓고 원수 되었던 자들을 용서하라고 말씀하십니다. 왜 우리가 그래야 할까요? 하나님이 먼저 독생자 예수님을 내어주기까지 죄인이고 원수였던 우리를 품고 용서하셨기 때문입니다. 우리는 모두 하나님의 자녀가 될 자격이 없는 죄인이었으나 은혜로 그분의 자녀가 되었습니다. 그렇다면 누군가의 죄악을 용서하지 못할 이유가 없지 않을까요? 형제자매가 회개할 때, 우리는 '일흔 번씩 일곱 번'이라도 용서해야 합니다(마 18:21-22).

사랑하는 여러분, 하나님은 모든 믿는 자의 아버지가 되십니다. 신앙생활에서 공동체는 선택이 아니라 필수 사항입니다. 공동체에 속한 다양한 지체들을 품어주기를 바랍니다. 하나님이 '모든' 사람을 사랑하셨음을 기억하고, 우리에게 죄 지은 자가 회개할 때 조건 없이 용서합시다. 하나님의 자녀가 된 이들은 장차 천국에서 영원히 함께할 우리의 형제자매들입니다.

교회를 소중히 여기고 누리십시오

어릴 적 교회에 관한 추억이 하나 있습니다. 1980년대에는 에어컨이 있는 집이 거의 없었습니다. 방마다 선풍기가 있는 집은 살림이 꽤 괜찮은 편에 속했습니다. 한여름 열대야가 심하던 주일, 담임목사님이 예배 시간에 이런 광고를 하셨습니다. "앞으로 열대야가 계속되는 며칠 동안은 1층 주일학교 예배실에 에어컨을 틀어드릴 테니, 더위를 못 이길 것 같은 가정은 교회에 와서 주무세요."

그날 밤, 여러 가정이 얇은 이불을 들고 예배실로 모였습니다. 부모와 아이들이 옹기종기 모여 수박을 나누어 먹고, 이야기꽃을 피우며 즐거운 시간을 보냈습니다. 밤이 깊어지자 가족별로 이곳저곳에 자리를 잡고 잠을 청했고, 다음날 새벽기도회에 참석하여 은혜를 나누었습니다. 당시는 지금보다 경제적으로 어려운 시절이었지만, 성도들은 서로를 가족처럼 여기며 순수한 마음으로 하나님과 교회를 섬겼습니다. 이런 추억 덕분에 교회는 지금도 저에게 엄마 품처럼 편안하고 소중한 공동체로 남아 있습니다.

16세기 종교개혁자 장 칼뱅도 교회를 "우리 신자들의 어머니"라고 표현했습니다.[7] 교회는 하나님이 우리에게 주신 귀한 선물입니다. 이 선물을 소중히 여기고 잘 누리기를 바랍니다. 교회에서 만난 형제자매들, 이 소중한 가족들을 귀하게 여기십시오. 하나님으로부터 오는 은혜와 평강을 서로에게 진심으로 기원합시다. 우리는 천국에서 하나님 아버지 곁에서 영원히 함께 살아갈 귀한 사이입니다. 삶의 기쁨과 슬픔을 나누고, 서로를 위해 기도하고 격려하며, 믿음과 순종의 길을 함께 걸어가는 성도가 되기를 주님의 이름으로 축원합니다.

○ 오늘의 묵상

1. 교회는 다른 사회 기관과 어떤 점에서 다른가요? 교회가 그리스도인들에게 중요한 이유는 무엇인가요?
2. 은혜와 평강을 서로 기원하는 교회 공동체의 특징은 무엇인가요? 이러한 인사와 기원은 교회 공동체에 어떤 영향을 미칠까요?
3. 하나님이 모든 성도의 아버지임을 기뻐하는 교회 공동체에서 성도들은 어떻게 서로의 다양성을 포용하고 갈등을 해결할 수 있을까요?

○ 오늘의 기도

하나님 아버지, 교회를 어머니와 같은 곳으로 선물해주셔서 감사합니다. 이 땅의 교회와 교회의 지체들은 불완전하고 부족한 죄인임을 고백합니다. 그럼에도 불구하고 우리를 사랑하고 구원해주신 하나님의 은혜를 찬양하고 감사하는 공동체로 교회가 존재하는 것이 하나님의 뜻임을 믿습니다. 교회가 예수 그리스도의 복음을 증거하고 하나님 나라를 세워 가는 공동체로서, 형제자매들 간에 은혜와 평강을 기원하며, 서로를 용납하고, 믿음 안에서 위로와 격려를 나누며 사명을 이루어 가기를 원합니다. 주님이 다시 오시는 날까지 신실하게 믿음과 순종의 길을 걸어가는 공동체가 되도록 우리의 마음을 다스려주십시오. 우리 주 예수 그리스도의 이름으로 기도드립니다. 아멘.

3
그리스도께 영광을 돌리고 있습니까?

빌레몬서 4-7절
4 내가 항상 내 하나님께 감사하고 기도할 때에 너를 말함은
5 주 예수와 및 모든 성도에 대한 네 사랑과 믿음이 있음을 들음이니
6 이로써 네 믿음의 교제가 우리 가운데 있는 선을 알게 하고
그리스도께 이르도록 역사하느니라 7 형제여 성도들의 마음이
너로 말미암아 평안함을 얻었으니 내가 너의 사랑으로 많은
기쁨과 위로를 받았노라.

신앙의 선배들이 성경의 가르침과 신앙생활의 규범을 잘 정리해놓은 신앙고백서가 있습니다. 바로 웨스트민스터 신앙고백서입니다. 이것을 문답식으로 정리한 것이 대요리문답과 소요리문답입니다. 두 요리문답의 첫 질문과 답변은 동일합니다. "질문: 사람의 제일 되고 가장 높은 목적은 무엇입니까? 대답: 사람의 제일 되고 가장 높은 목적은 하나님을 영화롭게 하고, 영원토록 충만히 즐거워하는 것입니다." 여기서 영화롭게 한다는 것은 영광을 돌린다는 말과 같습

니다. 즉 인생의 목적은 하나님께 영광을 돌리는 것입니다.

본문 4-7절에서 사도 바울은 골로새 교회의 지도자 빌레몬의 믿음과 사랑을 칭찬하고 있습니다. 그런데 그의 믿음과 사랑이 모두 그리스도의 영광을 위한 것이라고 말합니다. 6절의 "그리스도께 이르도록"이라는 구절은 9절의 "예수 그리스도를 위하여"처럼 '그리스도의 영광을 위하여'라고 해석하는 것이 좋습니다. 따라서 그리스도인의 믿음과 사랑과 삶은 그리스도의 영광을 목적으로 삼아야 합니다. 하나님의 부르심을 받고 구원받은 우리가 어떻게 그리스도께 영광을 돌릴 수 있는지 본문을 통해 살펴보겠습니다.

첫째, 주 예수님을 진실하게 믿으십시오

"주 예수와 및 모든 성도에 대한 네 사랑과 믿음이 있음을 들음이니"(5절).

위의 구절을 보면, 빌레몬이 사랑하고 믿는 대상이 주 예수와 모든 성도라고 생각하기 쉽습니다. 즉 두 대상을 사랑하고, 또 두 대상을 믿는다고 이해하는 것입니다. 그러나 'ABB'A' 구조' 또는 '교차대구 구조'라는 문학적 기법을 감안한다면, 이 구절의 첫 번째와 네 번째 요소, 두 번째와 세 번째 요소가 서로 연결되고 있음을 알 수 있습니다.[8]

  A 주 예수와 및
    B 모든 성도에 대한
    B´ 네 사랑과
  A´ 믿음이 있음을 들음이니

본문을 위와 같이 배치해보면 "주 예수"와 "믿음"이 연결되고, "모든 성도"와 "네 사랑"이 연결되고 있음을 알 수 있습니다. 빌레몬에게 주 예수는 믿음의 대상이고, 모든 성도는 사랑의 대상이 됩니다. 그리스도께 영광을 돌리는 성도가 되려면, 예수에 대한 믿음을 올바르게 가져야 합니다. 반대로 말해, 온전한 믿음이 아니고서는 그리스도께 영광을 돌릴 수 없습니다.

그렇다면 그분에 대해 무엇을 믿어야 할까요? 로마서 10장 9절은 구원을 얻으려면 예수님에 관한 중요한 사실을 믿어야 한다고 가르칩니다. "네가 만일 네 입으로 예수를 주로 시인하며 또 하나님께서 그를 죽은 자 가운데서 살리신 것을 네 마음에 믿으면 구원을 받으리라." 다시 말해, 예수님의 주재권과 죽음, 그리고 부활을 믿는 것이 핵심입니다.

히브리서 11장 6절에서는 우리가 믿어야 할 것을 또 다른 각도에서 설명합니다. "믿음이 없이는 하나님을 기쁘시게 하지 못하나니 하나님께 나아가는 자는 반드시 그가 계신 것과 또한 그가 자기를 찾는 자들에게 상 주시는 이심을 믿어야 할지니라." 이 말씀은 우리가 하나님의 존재와 그분의 선하심을 믿어야 한다는 사실을 가르쳐줍니다.[9]

또한 요한계시록 14장 12절은 믿음이 하나님의 은혜와 사람의 인내로 지속되어야 한다고 말합니다. "성도들의 인내가 여기 있나니 그들은 하나님의 계명과 예수에 대한 믿음을 지키는 자니라." 구원은 행위가 아니라 믿음에서 옵니다. 그러나 구원을 얻는 올바른 믿음에는 인내가 따르며, 하나님의 계명에 대한 순종이 따라야 합니다. 그래서 요한 사도는 구원받는 성도들의 믿음을 "하나님의 계명과 예수에 대한 믿음"이라고 표현했습니다.

다른 성경 구절을 살펴보아도, 빌레몬서 5절이 가르치는 대로 우리 믿음의 대상은 예수 그리스도입니다. 물론 사도신경의 고백처럼 삼위 하나님을 믿는 것도 맞습니다. 다만 기억할 점이 있습니다. 삼위 하나님을 믿기 위해서는 유일한 중보자 예수님을 통해야 하며, 예수님에 대해 기록된 계시인 성경을 통해야 한다는 것입니다. 성경을 믿는다는 것은 곧 예수님을 믿는 것이고, 예수님을 믿는 것은 삼위 하나님을 믿는 것과 같습니다. 히브리서 12장 2절 말씀처럼, 우리의 신앙생활은 "믿음의 주요 온전하게 하시는 이인 예수를 바라보는" 것이어야 합니다.

사도 바울은 왜 빌레몬의 예수님에 대한 믿음을 칭찬하고 있을까요? 그것은 당시 골로새 교회 안에 바른 믿음을 방해하는 요소가 많았기 때문입니다. 골로새서를 보면, 이 교회에는 철학 사상을 맹종하다가 예수님의 인성과 신성을 혼동하게 된 이단이 있었습니다. 천사를 숭배하는 자들도 있었고, 안식일과 절기를 지켜야 구원을 받는다고 주장하는 자들도 있었습니다. 식욕과 성욕 같은 욕망을 모조리 금해야 한다는 금욕주의자들도 있었습니다. 이렇듯 다양한 사회적 압박과 유혹, 불건전한 사상들로 인해 바른 믿음을 유지하기가 쉽지 않은 상황이었습니다.

그럼에도 불구하고 빌레몬은 주 예수 그리스도를 올바르게 믿었고, 그 믿음은 공동체 안에서 사랑으로 드러났습니다. 바울은 그러한 빌레몬의 믿음을 칭찬하며 그리스도께 영광을 돌린다고 말한 것입니다. 가만히 있는다고 해서 바른 믿음을 지킬 수는 없습니다. 바른 믿음은 하나님의 은혜에 더해 기도 훈련, 고난에 대한 인내, 그리고 말씀 순종이라는 노력을 통해 지켜낼 수 있습니다.

오늘날 우리가 사는 시대는 빌레몬이 살던 시대와 같지 않지만, 여전히 다양한 사회적 압박과 유혹이 다른 형태로 다가와 성도들의 믿음을 흔듭니다. 어떤 이에게는 믿음을 타협하라는 압박이 들어옵니다. 세상과 직장에서 더 높은 자리에 오르려면, 괜히 믿음을 드러내어 주변 사람들을 불편하게 만들지 말고, 세속적 가치와 적당히 섞어서 보여주라는 압박입니다.

또 다른 이들에게는 편안함이 유혹으로 다가옵니다. 안타깝게도 아직도 코로나를 핑계로 교회 출석을 미루는 이들이 있습니다. 이제 코로나는 독감과 같은 4급 감염병으로 격하되었는데도 말입니다. 만약 교회에서 코로나에 걸릴까 봐 두렵다면 마트나 식당, 공연장에도 가지 말아야 할 것입니다. 물론 독감이든 코로나든 걸리면 고생합니다. 그렇다고 외출하지 않고 중요한 일을 포기할 수는 없지 않습니까?

경제적 어려움과 건강의 위기로 인해 하나님을 원망하고 믿음을 잃어가는 이들도 있습니다. 하나님께 실망한 나머지 그분의 존재나 선하심을 의심하는 것입니다. 그러나 의심 가운데 머물지 말고 믿음을 회복해야 합니다. 말씀을 읽거나 제자훈련, 성경공부, 혹은 목회자와의 상담을 통해 하나님의 존재와 선하심에 대한 믿음을 붙들어야 합니다. 언젠가 고난과 위기 속에서도 선을 이루시는 하나님의 큰 계획을 깨닫게 되는 날이 올 것입니다. 어려움 속에서도 교회 공동체의 위로와 격려를 받으며 믿음을 지키고, 오히려 더 성숙한 믿음으로 나아가기를 바랍니다.

교역자나 다른 교인들에게 상처를 받아 믿음이 약해진 이들도 있습니다. 안타깝지만 불완전한 사람들끼리 상처를 주고받을 가능성은 항상 있습니다. 그러므로 사람을 믿는 대신 오직 예수님만을 신뢰하고 의지해야 합니다. 사람은 믿음의 대상이 아니라 사랑의 대상입니다. 오직 예수님만을 믿고, 그로부터 오는 선한 열매를 풍성히 누리기를 바랍니다.

둘째, 모든 성도를 진실하게 사랑하십시오

"주 예수와 및 모든 성도에 대한 네 사랑과 믿음이 있음을 들음이니"(5절).

그리스도께 영광을 돌리려면, 먼저 주 예수님에 대한 믿음을 가져야 하고, 그다음으로 모든 성도에 대한 사랑을 가져야 합니다. 바른 믿음에서 바른 사랑이 나옵니다. 예수님에 대한 진실한 믿음은 형제자매를 향한 진실한 사랑으로 이어집니다. 디모데전서 1장 5절은 이를 분명히 보여줍니다. "이 교훈의 목적은 청결한 마음과 선한 양심과 거짓이 없는 믿음에서 나오는 사랑이거늘." 주님이 어떤 분이신지를 바르게 알고 믿는다면, 그 믿음은 자연스럽게 형제자매를 향한 사랑과 섬김으로 이어지고, 성도 간의 화평과 아름다운 사역의 열매로 나타납니다.

따라서 교회는 무엇보다 사랑으로 소문나야 합니다. "너희가 서로 사랑하면 이로써 모든 사람이 너희가 내 제자인 줄 알리라"(요 13:35), "그의 계명은 이것이니 곧 그 아들 예수 그리스도의 이름을 믿고 그가 우리에게 주신 계명대로 서로 사랑할 것이니라"(요일 3:23)고 성경은 말합니다. "저 교회는 목사가 TV에 나온다더라, 돈이 많다더라, 유명한 사람들이 많이 다닌다더라" 같은 소문은 아무 소용이 없습니다. "저 교회는 사랑이 많다더라"는 소문이 가장 중요합니다. 사랑으로 소문난 교회가 되는 것이 그리스도께 영광이 됩니다.

특히 본문에서 강조하는 '모든' 성도를 사랑하라는 말씀을 놓치지 말아야 합니다. 공동체 안에는 다양한 지체들이 있어, 현실적으로 모두를 만나고 모두에게 잘해주기가 어렵습니다. 그러나 최소한 내 목장의 식구들을 똑같이 사랑하고, 내 부서의 성도들을 최선을 다해 섬겨야 합니다. 이미 친한 사람들끼리의 그룹이 있더라도 새로운 사람을 환영하고 그에게 손을 내밀어야 합니다. 겉모습만 보고 판단하지 말고, 도움이 필요한 사람에게 먼저 다가가야 합니다. 그것이 바로 하나님이 우리를 사랑하신 방법입니다.

사도 바울의 증언에 따르면, 빌레몬은 골로새 교회의 '모든' 성도를 사랑한 사람이었습니다. 빌레몬이 최선을 다해 모든 성도를 사랑하고 섬겼을 때, 바울과 골로새 교회 성도들에게 어떤 일이 일어났을까요? 7절에서 빌레몬이 맺은 사랑의 열매들이 소개되고 있습니다. "형제여, 성도들의 마음이 너로 말미암아 평안함을 얻었으니 내가 너의 사랑으로 많은 기쁨과 위로를 받았노라." 그의 사랑은 바울과 성도들에게 평안과 위로와 기쁨을 가져다주었습니다. 빌레몬이 예수 그리스도를 진실하게 믿고 예배할 때, 그의 마음에 성도들을 향한 진실한 사랑이 솟아났습니다. 그 사랑을 통해 마음이 지친 성도들은 평안을 얻었고, 고통 속에 있는 성도들은 위로를 받았으며, 이미 평안한 성도들은 기쁨을 선물로 받았습니다.

사랑하는 여러분, 우리 모두가 지구상의 모든 하나님의 자녀들을 차별 없이 진실하게 사랑하는 모습이 그리스도께 영광이 됩니다. 우리는 한 하나님을 아버지로 모시고, 한 예수님을 구주로 모시며, 한 성령님을 삶의 인도자로 모시는 하나님 나라의 백성들입니다. 우리 모두가 연약하고 부족하지만, 주님이 우리를 용납하셨듯이 우리도 서로를 용납하고 섬기며 사랑해야 합니다. 그래서 세상에서 찾을 수 없는 은혜로운 사랑과 조건 없는 사랑을 보여주는 천상의 공동체를 세워 갑시다. 우리가 서로 사랑할 때 세상은 우리를 통해 예수 그리스도를 보게 될 것이고, 그럴 때 그분께 영광이 돌아갑니다.

셋째, 내 믿음과 내 안의 모든 선한 것을 알리십시오

그리스도께 영광을 돌리기 위해서는 주 예수님을 진실하게 믿고, 모든 성도를 진실하게 사랑해야 한다고 말씀드렸습니다. 그다음으로 중요한 일은, 나의 믿음과 내 안에 하나님이 주신 선한 것을 세상에 알리는 것입니다. "이로써 네 믿음의 교제가 우리 가운데 있는 선을 알게 하고 그리스도께 이르도록 역사하느니라"(6절). 이 구절을 원문에 따라 약간 수정해보았습니다. "이로써 네 믿음의 나눔이 우리 가운데 있는 선을 알게 하고 그리스도께 이르도록 역사하느니라." 여기서 "네 믿음의 교제"를 "네 믿음의 나눔"("the sharing of your faith", ESV)이라고 표현하면, 그 뜻이 좀 더 명확해집니다. 하나님은 우리가 믿음을 나누길 원하시며, 그 믿음을 통해 우리 안에 창조해주신 선한 것을 사람들에게 알리라고 명하십니다.

그렇다면 선한 것이란 구체적으로 무엇을 말할까요? 이는 하나님께 받은 모든 좋은 은사와 복을 의미하며, 동시에 하나님께 감사하는 마음으로 성도가 행한 선행을 포함합니다. 우리가 하나님께 받은 모든 좋은 것과, 그로 인해 감사하는 마음으로 행한 선행이 바로 사람들에게 알리라고 하신 "선한 것"입니다.

사랑하는 여러분, 여러분의 믿음과 여러분 안에 하나님이 주신 좋은 것을 나누십시오. 믿음을 부끄러워하지 마십시오. 집 대문에 교회 명패도 붙이고, 직장에서 그리스도인임을 밝히며, 그리스도인으로서 하나님께 받은 복을 간증하십시오. 또한 그 은혜에 감사하며 사람들에게 선을 행하십시오.

로마서 15장 2절은 세상에서 살고 있는 그리스도인이 이웃과 좋은 관계를 만들어 가는 것이 중요하다고 말합니다. "우리 각 사람이 이웃을 기쁘게 하되 선을 이루고 덕을 세우도록 할지니라." 갈라디아서 6장 10절도 우선 믿음의 가정들에게, 그리고 모든 이에게 착한 일을 하라고 말합니다. "그러므로 우리는 기회 있는 대로 모든 이에게 착한 일을 하되 더욱 믿음의 가정들에게 할지니라." 데살로니가전서 5장 15절도 믿지 않는 이웃을 어떻게 대해야 하는지 가르쳐 줍니다. "삼가 누가 누구에게든지 악으로 악을 갚지 말게 하고 서로 대하든지 모든 사람을 대하든지 항상 선을 따르라." 이 말씀은 항상 신자들끼리가 아니라 모든 사람에게 선을 행하라는 것입니다.

여러분 안에 믿음과 선한 것이 있습니까? 믿음 생활을 하며 하나님이 주신 은혜와 축복을 경험했습니까? 그렇다면 그것을 보여주고 말하십시오. 기독교의 복음이 단순한 구호나 긍정적인 삶의 태도가 아니라, 살아 계신 하나님과 교제하며 그분이 주시는 하늘의 좋은 것을 누리는 진정한 복된 삶임을 세상에 알리십시오. 주 예수님을 믿고 하나님의 자녀가 되어 성령의 인도를 받으며 사는 것이 결코 종교적 가르침에 속박된 삶이 아니고, 오히려 하나님이 주시는 자유와 보호와 평안 속에서 사는 길임을 알리길 바랍니다.

사랑하는 여러분, 우리의 믿음과 우리 안의 선한 것을 나눌 때 그리스도께 영광이 됩니다. 우리의 믿음과 복된 열매를 우리만 누리는 데서 그치지 않고, 다른 사람들도 같은 축복을 경험할 수 있도록 초청하는 것이야말로 그리스도께 영광을 돌리는 일입니다. 오늘날 뉴스와 영화, 드라마가 기독교 신앙을 왜곡하고 폄하하는 일이 많습니다. 그래서 기독교 신앙의 참 모습을 잘 모르거나 오해하는 사람들도 많습니다. 이제 밖으로 나아가 마음과 입술을 열어 우리의 믿음과 하나님께 받은 복을 세상에 나눕시다.

그리스도의 영광을 위하여

18세기 미국의 신학자이자 대각성 운동의 중심 인물인 조나단 에드워즈는 "하나님이 태초에 세상을 창조하신 목적, 예수님을 보내어 사람을 구원하신 목적은 단 하나, '하나님의 영광'이다"라고 말했습니다.[10] 이는 단지 그의 주장일 뿐 아니라 성경의 가르침이기도 합니다. 본문 6절에 "그리스도께 이르도록"이라는 구절은 '그리스도의 영광을 위하여'로 해석할 수 있다고 앞서 말씀드렸습니다.

이 가르침대로라면 신자가 주 예수님을 믿고, 모든 성도를 사랑하고, 자신의 믿음을 나누며, 받은 복을 나누는 목적, 나아가 구원받은 목적과 하나님의 자녀로 이 땅에서 살아가는 목적이 무엇일까요? 이 모든 것의 궁극적인 목적은 바로 그리스도의 영광, 곧 하나님의 영광에 있습니다.

이러한 가르침을 강조하는, 매우 중요한 성경 구절이 있습니다. "그런즉 너희가 먹든지 마시든지 무엇을 하든지 다 하나님의 영광을 위하여 하라"(고전 10:31). 그러므로 무엇을 하든지 하나님의 영광, 그리스도의 영광을 위해 하십시오!

사랑하는 여러분, 하나님의 영광을 위해 사는 것은 결

코 손해가 아닙니다. 어리석은 삶도 아닙니다. 하나님이 우리를 사랑하여 구원하신 후 하나님의 영광을 위해 살라고 명하신 것은, 그분의 기쁨과 우리의 기쁨 모두를 위한 것입니다. 우리가 하나님의 영광을 추구하며 열심히 살아갈 때, 하나님은 우리의 기쁨을 추구하며 열심히 일하십니다. 존 파이퍼 목사의 확신에 찬 선포를 들어보십시오. "하나님의 영광을 위한 하나님의 열심과 하나님 안에서 나의 기쁨을 위한 하나님의 열심은 서로 모순되지 않습니다."

하나님 아버지와 예수 그리스도의 영광을 위해 믿음을 지키십시오. 사랑을 베풀고, 은혜를 간증하며 사십시오. 하나님의 영광을 위해 매일을 거룩한 삶의 제사로 드리는 주님의 백성에게, 하나님이 하늘의 비밀스러운 기쁨으로 삶을 채워주실 것을 믿으며 살아가기를 주님의 이름으로 축원합니다.

○ 오늘의 묵상

1. 어떤 유혹이 우리의 믿음을 타협하게 하고 변질시키나요? 이러한 유혹을 뿌리칠 수 있는 힘은 무엇일까요?
2. 모든 성도를 진실하게 사랑하는 공동체를 세우려면 어떻게 해야 할까요? 교회 내 약자를 배려하고 섬길 수 있는 방법은 무엇인가요?
3. 하나님이 내 안에 부어주신 선한 것은 무엇인가요? 그것을 어떻게 알릴 수 있을지 생각해보세요.
4. "하나님의 기쁨을 위해 사는 것이 나의 기쁨을 위한 것"이라는 명제에 동의하나요? 그런 체험을 한 적이 있다면 나누어보세요.

○ 오늘의 기도

하나님 아버지, 세상 사람들은 자신의 인생이 영광받고 자신이 중심이 되길 원하지만, 우리는 영광이 예수 그리스도와 하나님 아버지의 것임을 고백합니다. 우리의 믿음이 예수 그리스도를 향하고, 사랑이 성도를 향하며, 간증이 이웃을 향할 때, 하나님 아버지의 역사와 선한 능력과 영광이 세상에 드러나길 원합니다. 우리는 연약하지만 성령님이 우리의 삶을 인도하시고, 우리가 순종할 때 하나님 나라의 부흥을 경험하게 해주십시오. 모든 성도가 예수 그리스도와 하나님의 영광을 위해 거룩한 삶을 제물로 드릴 때, 세상이 알지 못하는 하늘의 기쁨으로 삶을 채워주십시오. 우리 주 예수님의 이름으로 기도합니다. 아멘.

4
복음이 우리에게 가져온 변화

빌레몬서 8-16절
⁸이러므로 내가 그리스도 안에서 아주 담대하게 네게 마땅한 일로 명할 수도 있으나 ⁹도리어 사랑으로써 간구하노라 나이가 많은 나 바울은 지금 또 예수 그리스도를 위하여 갇힌 자 되어 ¹⁰갇힌 중에서 낳은 아들 오네시모를 위하여 네게 간구하노라 ¹¹그가 전에는 네게 무익하였으나 이제는 나와 네게 유익하므로 ¹²네게 그를 돌려 보내노니 그는 내 심복이라 ¹³그를 내게 머물러 있게 하여 내 복음을 위하여 갇힌 중에서 네 대신 나를 섬기게 하고자 하나 ¹⁴다만 네 승낙이 없이는 내가 아무것도 하기를 원하지 아니하노니 이는 너의 선한 일이 억지같이 되지 아니하고 자의로 되게 하려 함이라 ¹⁵아마 그가 잠시 떠나게 된 것은 너로 하여금 그를 영원히 두게 함이리니 ¹⁶이 후로는 종과 같이 대하지 아니하고 종 이상으로 곧 사랑받는 형제로 둘 자라 내게 특별히 그러하거든 하물며 육신과 주 안에서 상관된 네게랴.

오네시모는 주인 빌레몬에게 재산상의 손해를 끼치고 로마로 도망친 노예였습니다. 로마 시대에는 노예가 주인의 재산으로 간주되었지만, 노예제도는 다양한 형태로 존재했습니다. 어떤 노예들은 비인격적이고 가혹한 대우를 받았으나, 가족처럼 인격적으로 대접받는 노예도 있었습니다. 형편이 나은 노예는 사유재산을 소유할 수 있었고, 돈을 모아 자유를 살 수도 있었습니다.

오네시모는 비교적 인격적으로 대접받은 노예였던 것 같습니다. 그러나 어떤 이유에서인지 그는 노예 생활을 거부하고 주인 빌레몬을 배신했으며, 재정적 손해를 끼치고 멀리 도망쳤습니다. 아마도 주인에게서 벗어나면 인생이 행복해질 것이라고 생각했는지도 모릅니다. 하지만 하나님의 생각은 달랐습니다. 오네시모는 하나님의 인도하심으로 바울을 만나 예수 그리스도의 복음을 듣고 받아들이게 되었습니다. 그 결과 그의 인생은 완전히 변화되었습니다.

복음을 듣고 받아들일 때, 하나님의 능력이 역사합니다. 그 결과 사람은 변화되고 새로워집니다. 복음은 우리의 정체성을 바꾸고, 평강과 안전의 근거를 바꾸며, 인생의 성공 기준을 바꿉니다. 복음을 받아들인 사람은 결코 이전과 같은 모습으로 살 수 없습니다.

이 장에서는 복음이 오네시모에게 일으킨 변화를 살펴보며, 우리에게도 일어난 변화에 대해 묵상해보고자 합니다. 더 나아가 복음이 우리 안에서 행한 일에 반응하여 어떤 삶을 살아야 할지 깨닫고 결단하기를 바랍니다. 복음은 우리에게 어떤 변화를 가져옵니까?

첫째, 우리의 신분을 노예에서 자녀로 변화시킵니다

복음은 노예였던 우리를 하나님의 자녀로 변화시켰습니다. 오네시모의 신분 변화에서 우리의 신분 변화를 발견할 수 있습니다. "갇힌 중에서 낳은 아들 오네시모를 위하여 네게 간구하노라"(10절). 바울은 오네시모를 "갇힌 중에서 낳은 아들"이라고 부릅니다. 여기서 '아들'로 번역된 헬라어 '테크논'(τέκνον)은 자녀, 아이, 자손을 의미합니다. 바울이 오네시모를 이렇게 부른 이유는, 가택연금 중에 그에게 복음을 전하여 그를 그리스도인으로 변화시켰기 때문입니다. 오네시모는 육신적으로는 빌레몬의 종이지만, 영적으로는 바울의 아들이었습니다. 바울이 오네시모를 위해 간청하는 모습은 곤경에 처한 아들을 위해 호소하는 아버지의 모습과 같습니다.

노예였던 오네시모는 복음을 받아들임으로써 '바울의 아들'이 되었을 뿐만 아니라 '하나님의 아들'로 변화되었습니다. "영접하는 자 곧 그 이름을 믿는 자들에게는 하나님의 자녀가 되는 권세를 주셨으니"(요 1:12). 오네시모는 예수님을 영접하고 그 이름을 믿어 하나님의 자녀가 되는 권세를 받았습니다. "너희는 다시 무서워하는 종의 영을 받지 아니하고 양자의 영을 받았으므로 우리가 아빠 아버지라고 부르짖느니라"(롬 8:15). 오네시모는 복음을 통해 종의 영이 아닌 양자의 영, 곧 성령을 받아 하나님을 '아빠 아버지'라 부를 수 있게 되었습니다.

우리 역시 예수 그리스도를 믿고 주로 영접한 순간, 성령님의 역사로 하나님의 아들과 딸이 되었습니다. 복음을 통해 우리는 만물의 창조자이자 운행자이신 하나님의 자녀라는 놀라운 특권을 얻었습니다. 이 놀라운 특권을 받았는데도 여전히 노예 근성으로 사는 이들도 있습니다. 하나님을 친밀한 아버지가 아닌 무서운 존재로 여기는 것입니다. 그들은 하나님과의 관계를 노예와 주인 정도로 설정하고, 평소에는 소통하지 않다가 긴급할 때만 도움을 청합니다. 하나님께 크게 혼나지 않을 정도로 적당히 신앙생활하는 데 만족할 뿐, 일상에서 친밀하게 교제하거나 인격적으로 소통하거나 진심으로 사랑하지 못합니다.

사랑하는 여러분, 복음을 받아들인 순간 우리는 종의 영을 떨쳐버리고 양자의 영을 소유하게 됩니다. 율법과 속박과 근심이 지배하는 종의 삶에서 벗어나, 은혜와 자유와 평안이 지배하는 아들딸의 삶으로 들어갑니다. 혹시 지금 당장 은혜와 자유와 평안을 온전히 누리지 못한다 해도 낙심하지 마십시오. 주님이 우리를 위해 이루신 은택은 우리가 성화하는 만큼 누릴 수 있기 때문입니다.

날마다 성령님의 인도하심에 귀 기울이고 순종함으로 성화를 이루어 갑시다. 그러면 하나님의 은혜가 흐르는 하천에서 강물로, 강물에서 대양으로 조금씩 나아갈 수 있습니다. 삶에 어떤 고난과 유혹이 닥치더라도 흔들리거나 넘어지지 말고, 복음이 우리에게 준 하나님의 자녀라는 고귀한 신분을 기억하고 지키고 누리며 살아가기를 기원합니다.

둘째, 우리를 무익한 자에서 유익한 자로 변화시킵니다

복음은 우리의 존재 가치를 변화시켰습니다. 사도 바울의 오네시모에 대한 증언을 통해 우리의 존재 가치가 어떻게 변화되었는지 살펴보겠습니다. "그가 전에는 네게 무익하였으나 이제는 나와 네게 유익하므로 네게 그를 돌려 보내노니 그는 내 심복이라"(11-12절).

오네시모는 빌레몬에게 무익한 자였습니다. 아니, 그보다 더 심한 사고뭉치, 골칫거리였습니다. 불순종, 저항, 도주, 절도, 잠적 등은 빌레몬이 오네시모를 생각하면 떠오르는 단어들이었을 것입니다. 오네시모는 빌레몬에게 아무런 유익도 주지 못한 존재였습니다. 역설적이게도 오네시모라는 이름 자체는 '이익이 되는, 유용한, 유익한'이라는 뜻입니다. 이는 당시 종들에게 흔한 이름으로, 주인들이 자신의 바람을 담아 지어주었을 것입니다. 그러나 오네시모는 이름값을 하지 못했습니다. 오히려 주인에게 재정적 손해를 끼치고 로마로 도망친, 무익하기 그지없는 존재였습니다.

그런 오네시모가 복음을 듣고 완전히 달라졌습니다. 바울은 그를 두고 "전에는" 무익했으나 "이제는" 유익하게 되었다고 말합니다. 그는 바울뿐만 아니라 빌레몬에게도 유익한 존재가 되었습니다. 과거에 오네시모가 무익했던 것은 종의 신세를 한탄하며 주인에게 순종하지 않았기 때문일 것입니다. 그러나 예수 그리스도를 믿고 난 후, 그는 완전히 새로운 사람이 되었습니다. 이제 그는 주 예수님을 섬기듯이 바울을 섬기고, 바울의 복음 전파 사역을 돕습니다. 또한 주인 빌레몬에게 돌아가 용서를 구하고 관계를 회복하고자 하는 마음을 품게 되었습니다.

특히 오네시모는 나이 많고 감옥에 갇혀 지내는 사도 바울에게 큰 도움이 되었습니다. 그래서 바울은 그를 '심복'이라고 소개합니다. "그는 내 심복이라"(12절). 국어사전에서 '심복'은 "마음놓고 믿을 수 있는 부하" 또는 "매우 필요해 없어서는 안 될 사물"로 정의되지만, 더 정확한 번역은 '심장'입니다.

여기 사용된 헬라어 '스플랑크나'($\sigma\pi\lambda\acute{\alpha}\gamma\chi\nu\alpha$)는 내장, 창자, 심장, 마음, 심복 등으로 번역될 수 있습니다. 이 단어는 빌레몬서에서 7절, 12절, 20절에 나오는데, 바울이 오네시모를 얼마나 소중하게 여기는지를 보여줍니다. 누군가 나의 심장이라는 것은 그가 나 자신과 같다는 뜻입니다. 실제로 바울은 빌레몬에게 이렇게 부탁하고 있는 셈입니다. "오네시모는 나의 심장입니다. 나 자신과 같습니다. 이제 그는 우리 모두에게 유익한 사람이 되었습니다. 그러니 그가 당신에게 가면 예전처럼 대하지 말고 나를 대하듯이 대해주십시오".

복음은 오네시모를 놀랍게 변화시켰습니다. 복음은 누

구든지 변화시킬 수 있습니다. 바울 자신이 그 생생한 증거입니다. 바울은 한때 복음의 진리를 오해하여 예수님을 믿는 사람들을 핍박하고, 그들을 잡아들이기 위해 다메섹까지 쫓아갔던 무익한 자였습니다. 그러나 환상 중에 예수님을 만나 복음을 받아들인 후, 복음 전파에 생명을 바치기로 결단하여 유익한 자로 변화되었습니다.

디모데후서 4장 11절에 나오는 마가는 바나바의 조카로, 바울과 바나바의 선교여행에 동참했으나 도중에 포기하고 떠나버린 적이 있는 미숙한 인물이었습니다. 그의 갑작스러운 이탈은 바울과 바나바가 다투는 원인이 되기도 했습니다. 하지만 노년에 접어든 바울이 디모데에게 보내는 편지에서 "마가를 데리고 오라"고 요청합니다. "누가만 나와 함께 있느니라. 네가 올 때에 마가를 데리고 오라. 그가 나의 일에 유익하니라"(딤후 4:11). 이제 마가는 더 이상 바울이 한심하게 여기는 자가 아닌, 그의 일에 '유익한' 자로 변화된 것입니다. 마가가 복음을 진정으로 깨닫고 온 마음으로 받아들이면서 그의 인격과 사역이 달라졌습니다.

사랑하는 여러분, 복음을 진정으로 깨닫고 받아들일 때, 우리도 하나님께 유익한 자로 설 수 있습니다. 하나님께 쓰임 받는 인생이 진정으로 가치 있는 인생입니다. 복음을 통해 삶의 목표가 바르게 세워질 때, 우리 인생은 하나님께 귀하게 쓰임 받게 됩니다.

제 사랑하는 친구이자 동역자인 김영대 목사님의 이야기를 잠시 나누고자 합니다. 김 목사님의 어머니는 신들린 상태로 점을 치는 점쟁이였습니다. 나중에는 불교로 귀의해 스님이 되었고, 그 과정에서 남편과 사이가 좋지 않아 결국 이혼했습니다. 김 목사님은 이혼 가정, 게다가 점치는 어머니 밑에서 자라며 건강한 마음을 갖기 어려웠고, 늘 열등감과 분노와 절망이 마음을 뒤덮었습니다.

그러던 김 목사님은 중학교 때 예수님을 알게 되었습니다. 교회에 나가 복음을 듣고 예수님을 영접한 후 삶의 의미를 깨달았고 목표가 생겼습니다. 그는 교회에서 한 자매를 만나 가정을 이루었고, 북한 선교 사역을 하다가 목사가 되어 아프리카 우간다에서 선교 활동을 했습니다. 지금은 아프가니스탄 선교단체에서 섬기고 있습니다. 과거에는 자기 자신도 제대로 다스리지 못하던 이가 예수님을 만난 후로는 다른 사람을 구하고 세우는 자로 변화되었습니다. 자신과 남에게 무익했던 자가 이제는 자신에게도, 남에게도,

하나님께도 유익한 자가 되었습니다.

이 모든 것은 복음의 힘입니다. 복음을 진정으로 깨닫고 복음에 압도되기를 바랍니다. 복음의 지배를 받을 때, 우리의 삶은 온전히 변화됩니다. 하나님께 유익한 삶이야말로 세상에서 가장 가치 있는 삶입니다. 한 번뿐인 인생, 하나님과 그분의 나라를 위해 쓰임 받기를 소망하십시오.

셋째, 성도들의 관계를 형제자매로 변화시킵니다

복음은 개인뿐만 아니라 공동체에도 큰 변화를 일으킵니다. 성도들의 관계를 형제자매로 변화시킵니다. "이 후로는 종과 같이 대하지 아니하고 종 이상으로 곧 사랑받는 형제로 둘 자라. 내게 특별히 그러하거든 하물며 육신과 주 안에서 상관된 네게랴"(16절).

빌레몬과 오네시모는 원래 주인과 노예의 관계였습니다. 오네시모의 배신으로 두 사람의 사이는 원수 관계로 더 악화되었습니다. 그러나 오네시모가 예수님의 복음을 듣고 변화되자, 사도 바울은 먼저 복음을 받아들인 빌레몬에게 복음의 정신을 실천하라고 권면합니다. 원래 주인과 노예 사이였고, 거의 원수 같았던 두 사람이 이제 주 안에서 형제가 되었음을 상기시키는 것입니다. 이는 당시의 상식으로는 불가능한 일처럼 보였을 것입니다. 얼마 전까지만 해도 주인과 도망 노예 사이였던 두 사람이 서로를 '형제'로 부르게 되다니요.

과연 빌레몬이 바울의 권면을 들었을까요? 이 서신에서는 명확히 알 수 없습니다. 그러나 복음으로 변화된 빌레몬이라면 바울의 권면을 받아들였을 가능성이 큽니다.

우리도 교회에서 만나기 전까지 서로 알지 못했던 경우가 많습니다. 예전에는 서로 무관한 사람들이었고, 각기 다른 세계에서 다른 관심과 목표를 가지고 살았습니다. 그러나 예수님의 복음을 받아들인 우리는 하나님을 아버지로 모시고, 같은 목표를 공유하며, 서로를 형제자매로 여기게 되었습니다.

20세기 초, 테이트 선교사가 전라남도 김제 금산면 두정리 마을에 복음을 전했습니다. 선교를 하던 중 그는 마을의 지주이자 갑부 조덕삼을 만났습니다. 조덕삼은 열린 마음을 지닌 사람이었습니다. 그는 파란 눈의 선교사를 사랑채에 들여 음식을 대접했습니다. 그리고 선교사에게 복음을 듣고 매주 집회를 요청했으며, 결국 예수님을 믿게 되었습니다. 1902년에는 세례를 받았고, 1905년에는 자신이 다니는 금산교회의 예배당을 지었습니다.

교회는 성장하여 1907년에 첫 장로를 선출하기로 했습니다. 당시 교인들은 대부분 조덕삼이 장로로 선출될 것이라고 예상했습니다. 그러나 뜻밖에도 그의 마부인 이자익이 장로로 선출되었습니다. 이로 인해 교회의 분위기는 가라앉았습니다. 법적으로는 신분제가 폐지되었지만, 사람들의 인식 속에 여전히 신분의 벽이 남아 있었기 때문입니다. 그런데 종이자 마부였던 이가 장로가 되고, 주인은 집사로 남게 된 것입니다.

교인들이 가시방석에 앉은 것처럼 불편해할 때, 조덕삼이 일어나 이렇게 말했습니다. "오늘 하나님께서 이렇게 인도하셨습니다. 나는 나이가 많고, 이자익 집사는 젊습니다. 이자익 집사가 장로가 되는 것이 옳습니다. 그를 중심으로 우리 교회가 부흥해야 합니다. 저는 이자익 장로를 잘 받들고 교회를 더욱 잘 섬기겠습니다."

조덕삼의 말에 감동한 교인들은 이후에 그를 장로로 선출했습니다. 그는 이자익을 신학교로 보내어 목회자가 되도록 지원했습니다. 이자익이 신학교를 졸업하고 목사가 되자, 조덕삼 장로는 그를 담임목사로 청빙했습니다. 주일마다 조덕삼은 맨 앞자리에 앉아 마부 출신 목사의 설교를 들으며 은혜를 받았습니다. 이것은 신분을 뛰어넘어 모두가 형제자매가 된 한국 초대 교회의 아름다운 모습이었습니다.[11]

사랑하는 여러분, 복음으로 우리 모두는 주 안에서 형제자매가 되었습니다. 여기에는 높고 낮음이 없습니다. 잘나고 못남도 없습니다. 우리는 모두 심판을 면치 못할 죄인이었으나 하나님의 은혜로 구원을 받은 행복한 사람들입니다. 이처럼 놀라운 사랑을 받은 우리가 서로를 '사랑받는 형제자매'로 여기는 것이 당연하지 않을까요?

우리 같은 자를 구원하여 쓰시는 하나님을 찬양합시다

하나님은 대단해 보이는 사람들보다 오히려 부족해 보이는 사람들을 들어 쓰기를 기뻐하십니다. 예수님의 열두 제자나 70명의 전도자들 중에 세상적으로 뛰어나거나 귀한 혈통을 가진 이들은 드물었습니다. 그러나 하나님이 그들을 복음으로 변화시키시고 성령의 능력을 부어주시자, 갈릴리의 평범한 어부들이 예루살렘과 이스라엘, 그리고 온 세상을 복음으로 뒤흔드는 하나님의 도구가 되었습니다.

하나님은 오네시모처럼 노예이며 도망자였고 무익했던 자를 하나님의 자녀이자 사랑받는 형제, 그리고 골로새 교회의 유익한 일꾼으로 변화시키셨습니다. 오네시모는 많은 약점을 지니고 있었지만, 하나님은 그를 변화시켜 과거와는 완전히 다른 존재로 만드시고, 하나님의 일에 귀하게 쓰셨습니다.

우리도 모두 약점을 지닌 사람들입니다. 어떤 이는 성장 과정에서 상처를 받았고, 또 다른 이는 건강이 좋지 않으며, 누군가는 경제적으로 어려움을 겪고 있습니다. 어떤 사람은 인생에서 상상할 수 없는 고난을 겪었습니다. 이러한 약점 때문에 내가 과연 하나님께 쓰임 받을 수 있을까 고민하는 이들도 많을 것입니다.

그러나 복음을 받아들여 하나님의 자녀가 되고, 있는 모습 그대로 하나님께 나아갈 때, 하나님이 우리의 약함을 강함으로 바꾸어주십니다. 그러므로 나의 약함을 보고 낙심하거나 포기하지 마십시오. 복음을 통해 우리의 약함을 만지고 변화시켜 하나님이 원하는 일에 사용하실 것을 믿고 기대하십시오. 하나님은 오네시모의 인생을 역전시켜 하나님 나라와 교회를 위해 의미 있게 살게 하셨습니다. 이와 같이 하나님이 우리의 인생도 아름답게 바꾸어 하나님 나라와 교회를 위해 살게 하실 것을 믿으며, 우리의 인생을 그분께 온전히 드리기를 주님의 이름으로 축원합니다.

○ 오늘의 묵상

1. 오네시모가 바울에게 복음을 듣고 변화된 것처럼, 나 또한 복음으로 인해 변화된 경험이 있다면 나누어보세요.
2. 내가 과거에 무익하다고 느꼈던 순간이 있다면, 지금의 나와 어떻게 달라졌는지 비교해보세요. 그런 변화를 이루기 위해 어떤 노력이 필요했나요?
3. 서로를 복음의 관점으로 바라보는 것이 왜 중요한가요? 일상생활에서 이를 실천하기 위해 우리가 할 수 있는 일은 무엇일까요?

○ 오늘의 기도

하나님 아버지, 예수 그리스도의 십자가 복음으로 구원받아 기쁨으로 살게 해주셔서 감사합니다. 죄와 사망의 노예로 살 뻔했던 우리를 복음으로 변화시켜 유익한 자로 삼아주셔서 감사합니다. 우리의 인생이 쓰임 받기를 원합니다. 하나님이 '나의 심장'이라고 인정하는 가치 있는 인생이 되게 해주십시오. 복음으로 새롭게 된 하나님의 자녀들이 서로를 형제자매라고 부르며 믿음의 공동체를 이루게 해주신 것도 감사합니다. 주님이 다시 오실 날까지 교회가 세상에 하나님을 알리고, 믿지 않는 영혼을 찾아가며, 하나님 나라를 세우는 충성스러운 사명을 감당하길 원합니다. 우리 주 예수 그리스도의 이름으로 기도합니다. 아멘.

5
성도는 어떻게 복음 사역을 수행하는가?

빌레몬서 13-14절
¹³ 그를 내게 머물러 있게 하여 내 복음을 위하여 갇힌 중에서 네 대신 나를 섬기게 하고자 하나 ¹⁴ 다만 네 승낙이 없이는 내가 아무것도 하기를 원하지 아니하노니 이는 너의 선한 일이 억지같이 되지 아니하고 자의로 되게 하려 함이라.

빌레몬서 강론을 이어가겠습니다. 사도 바울은 로마의 셋집에 가택연금된 상태에서도 복음 사역을 하고 있었습니다. 그 시기에 오네시모라는 도망 노예를 만나게 됩니다. 오네시모는 새로운 삶을 찾기 위해 주인 빌레몬을 떠나 로마로 도망쳤으나, 예상치 못하게 하나님의 자녀가 되어 진정한 '영적' 새 삶을 얻게 되었습니다. 이는 전적으로 하나님의 놀라운 은혜였습니다. 오네시모는 사도 바울을 통해 복음을 듣고 예수님을 믿어 그리스도인으로 변화되었고, 바울을 도와 복음 사역을 하는 자가 되었습니다.

그러나 오네시모에게는 해결해야 할 과제가 있었습니다. 그것은 바로 주인인 빌레몬에게 돌아가 용서를 구하는 것이었습니다. 설령 빌레몬이 그를 용서해도 다시 노예로 부리기를 원한다면, 오네시모는 그에 순종해야 했습니다. 종으로서 주인에게 주어진 권위를 받아들이는 것이 신앙인의 바른 자세였기 때문입니다.

그러나 사도 바울은 빌레몬에게 편지를 써서 정중히 요청합니다. "오네시모가 로마에서 복음 사역하는 데 매우 큰 도움이 되니 그를 다시 내게로 보내주십시오." 본문은 이러한 바울의 부탁과 함께 신약 시대의 그리스도인들이 어떤 마음가짐으로 복음 사역에 임했는지를 보여줍니다.

우리는 이 말씀을 통해 "성도는 어떻게 복음 사역을 수행하는가"라는 질문을 묵상하게 됩니다. 하나님 나라를 세우기 위해 복음을 전하고, 교회를 세우며, 제자를 만드는 과정에서 성도가 갖추어야 할 마음가짐을 깨닫고, 이를 실천하기를 바랍니다.

첫째, 복음 사역에는 고난이 따를 수 있음을 알아야 합니다

복음 사역이란 예수님의 십자가와 부활을 선포하며, 그분의 제자를 세우는 일을 말합니다. 이러한 사역에는 언제나 고난이 따를 수 있습니다. 바울은 "그를 내게 머물러 있게 하여 내 복음을 위하여 갇힌 중에서 네 대신 나를 섬기게 하고자 하나"(13절)라고 말하며, 자신이 복음을 위해 갇혀 있음을 밝힙니다. 바울은 잘못을 저지른 것이 아니라 복음을 전하고, 교회를 세우며, 사람들을 제자로 만들다가 저항에 부딪혀서 감옥에 갇혔습니다.

복음 사역은 목회자에게든 일반 신자에게든 결코 쉬운 일이 아닙니다. 이는 사역 대상이 연약하고 부족한 죄인이기 때문입니다. 또한 사탄이 복음 사역을 방해하고 중단시키기 위해 계략을 꾸미기 때문입니다. 그래서 복음 사역에 대한 반응이 관심, 참여, 기쁨, 감사, 보답이 아니라 무관심, 게으름, 거부, 심지어 저항이나 공격으로 나타날 때가 있습니다. 그러므로 복음 사역자는 담대한 마음과 인내심을 가져야 합니다. 감사와 보답을 받지 못해도 사랑으로 섬기겠다는 각오를 다져야 합니다. 복음 사역의 결과가 종종 실망스러운 결과로 나타날 수도 있음을 예상해야 합니다.

사도 바울은 신약성경 27권 중 13권을 기록한 탁월한 하나님의 종이었습니다. 그러한 바울조차 늘 순탄하게 복음 사역을 한 것은 아니었습니다. 그는 교회 밖의 불신자들뿐만 아니라 교회 안의 신자들에게도 공격을 받았습니다. 유대 종교 지도자들에게는 살해 위협을 받았고, 로마 정권에 의해 감옥에 갇히기도 했습니다.[12]

바울은 여러 서신에서 자신이 복음 때문에 갇혀 있다고 고백합니다. "복음으로 말미암아 내가 죄인과 같이 매이는 데까지 고난을 받았으나 하나님의 말씀은 매이지 아니하니라"(딤후 2:9). 놀라운 것은 바울이 감옥에 갇혀 있을 때 교회와 성도들이 움츠러들지 않고 오히려 더 담대하게 복음을 전했다는 사실입니다. "형제 중 다수가 나의 매임으로 말미암아 주 안에서 신뢰함으로 겁 없이 하나님의 말씀을 더욱 담대히 전하게 되었느니라"(빌 1:14). 교회가 고난을 통해 더욱 강하고 용감해졌습니다.

복음 사역에는 고난과 능욕이 따르지만, 데살로니가전서 2장 2절은 하나님을 의지할 때 우리가 복음 사역을 능히 감당할 수 있다고 말합니다. "너희가 아는 바와 같이 우리가 먼저 빌립보에서 고난과 능욕을 당하였으나 우리 하나님을 힘입어 많은 싸움 중에 하나님의 복음을 너희에게 전하였노라." 사탄은 고난을 통해 우리를 흔들려고 하지만, 신앙생활 자체가 사탄과의 영적 싸움임을 기억해야 합니다. 예를 들어, 한 새신자가 세례식을 앞두고 있었는데, 사탄이 그를 가만히 두고 보지 않았습니다. 심지어 그의 가족의 건강까지 건드려 세례를 받지 못할 뻔한 일이 있었습니다. 우리는 복음 사역을 진전시키려 애쓰지만, 악한 영들은 우리를 주저앉히려고 늘 기회를 노리고 있습니다.

복음을 위해 사역하고 섬길 때는 땀과 눈물이 필요할 수 있습니다. 교회 밖의 사람들에게 오해와 비난을 받을 수 있습니다. 교회 내 성도들과의 관계에서 어려움을 겪을 수도 있습니다. 이러한 고난과 수고 앞에서 지혜롭고 담대하게 반응해야 합니다. 복음 사역을 중단하지 않고 신실하게 감당하는 우리가 되기를 간절히 소망합니다.

둘째, 모든 성도가 협력하여 이루어야 합니다

"네 대신 나를 섬기게 하고자 하나"(13절).

바울은 자신의 사역에 빌레몬의 도움이 필요하다고 말하고 있습니다. 빌레몬이 마땅히 직접 로마로 와 그와 함께 사역을 해야 한다는 뉘앙스입니다. 바울은 실제로 이렇게 말하고 있는 것입니다. "빌레몬, 당신은 나에게 복음을 들었습니다. 우리 사이를 생각하면 당신은 마땅히 이곳 로마에 와 나를 도와야 합니다. 하지만 현실적으로 그렇게 하기 어렵다는 것을 압니다. 이 편지를 들고 당신에게 돌아간 오네시모가 그동안 나를 섬겨주었습니다. 오네시모를 내게 다시 보내준다면, 그의 섬김을 당신의 섬김으로 여기겠습니다."

여기서 눈여겨볼 점이 있습니다. 사도 바울이 복음 사역을 자기 혼자만의 일로 여기지 않고 동역자와 함께 하는 공동의 일로 여겼다는 사실입니다. 아무리 탁월한 사역자라도 복음 사역은 함께 이루어 가야 합니다. 그래야 자기 욕심을 따라 사역하지 않고, 함께 기도하는 가운데 하나님이 기뻐하시는 방향으로 나아갈 수 있습니다.

게다가 지금 바울은 가택연금 중이어서 자유로운 몸이 아닙니다. 그래서 동역자의 도움과 협력이 더욱 필요합니다. 복음 사역은 제각기 다른 은사를 가진 동역자들이 협력할 때 시너지 효과를 발휘하며 열매를 맺을 수 있습니다.

바울이 쓴 편지들의 서두를 보면 발신자가 나옵니다. 이때 바울은 대부분 자기 이름만 쓰지 않고 동역자들의 이름도 덧붙입니다. 예를 들어, "바울과 실루아노와 디모데는… 편지하노니"(살전 1:1, 살후 1:1), "바울과 형제 소스데네는"(고전 1:1). "바울과 및 형제 디모데는…"(몬 1절, 빌 1:1)이라고 쓰고 있습니다.

바울은 독불장군이 아니었습니다. 그는 항상 팀으로 사역했습니다. 그의 옆에는 늘 동역자가 있었습니다. 복음 사역은 협력하여 이루어지는 것입니다. 바울은 빌립보서에서도 동역자들이 한 팀이 되어 복음 사역하는 것을 강조했습니다. "오직 너희는 그리스도의 복음에 합당하게 생활하라. 이는 내가 너희에게 가 보나 떠나 있으나 너희가 한마음으로 서서 한 뜻으로 복음의 신앙을 위하여 협력하는 것과"(빌 1:27). 빌립보 성도들에게 복음 사역을 위해 한마음과 한 뜻으로 협력할 것을 당부하고 있습니다.

갈라디아서 2장 8절도 보십시오. "베드로에게 역사하사 그를 할례자의 사도로 삼으신 이가 또한 내게 역사하사 나를 이방인의 사도로 삼으셨느니라." 사도들 가운데 베드로는 주로 유대인에게, 바울은 주로 이방인에게 복음을 전하는 사명을 받았습니다. 그래서 두 사도는 유대인의 사도와 이방인의 사도로서 역할을 분담하여 서로 협력하며 복음의 전파와 진전을 이루었습니다.

사도 바울이 복음을 위해 함께 힘쓴 동역자들을 어떻게 묘사하는지 빌립보서 4장 3절을 보십시오. "또 참으로 나와 멍에를 같이한 네게 구하노니 복음에 나와 함께 힘쓰던 저 여인들을 돕고 또한 글레멘드와 그 외에 나의 동역자들을 도우라. 그 이름들이 생명책에 있느니라." 바울은 빌립보서의 독자인 성도들을 "복음에 함께 힘쓰던 자", "참으로 나와 멍에를 같이한 자", "나의 동역자들"이라고 부르고 있습니다. 특히 '멍에를 같이한 자'는 헬라어로 '쉬주고스'(σύζυγος)이며, 이는 '멍에동무'(yoke-fellow)를 뜻합니다.[13]

쟁기를 끌고 논밭을 갈 때, 동력을 키우기 위해 소 두 마리를 쌍멍에로 묶는 경우가 있습니다. 이때 쌍멍에에 묶인 두 마리의 소는 모든 것을 함께 해야 합니다. 둘 다 같은 방향으로 가야 하고, 하나가 쉴 때 다른 하나도 쉴 수밖에 없습니다. 일할 때도 같이 일해야 합니다. 이러한 관계에서는 서로를 배려해야 합니다. 생각이나 기질, 능력치가 달라도 서로 맞추어야 목표를 이룰 수 있습니다.

사랑하는 여러분, 다른 성도를 보면서 "내가 저 사람에게 좋은 멍에동무가 되어주어야겠다"고 결심하기를 바랍니다. '저 사람의 체력이 되든 말든, 저 사람의 생각이 이쪽이든 저쪽이든 상관없어. 나 혼자 열심히 달려가 하나님께 칭찬받을래' 하는 마음으로는 하나님이 기뻐하시는 일을 이룰 수 없습니다. 우리는 쌍멍에에 묶인 운명 공동체이고, 한 팀이며, 동역자입니다. '화목하여 소망이 넘치고 칭송받는 교회'가 되어야 합니다. 교회는 사회 공동체가 아닌 신앙 공동체이므로 '영적 분위기'가 중요합니다. 그런데 서로 의심하고 적대하고 비난하기 시작하면, 그 교회는 부흥하기가 매우 어렵습니다.

제가 미국에서 공부할 때 섬겼던 이민교회가 그러했습니다. 담임목사가 공석인 상태에서 5년 동안 교인들이 분파를 이루어 서로 질투하고 견제하고 비난했습니다. 그 결과 담임목사 청빙 투표가 세 번이나 부결되었습니다. 정말 어려운 시간이었고, 저도 부교역자로 교회를 섬기면서 마음이 힘들었습니다. 다행히 교회는 5년 만에 좋은 담임목사를 맞이하게 되었고, 그분의 말씀 선포와 목양을 통해 상처 입은 성도들의 마음이 회복되었습니다. 12년이 지난 지금,

이제 이 교회가 그 지역의 대표적인 건강한 교회로 자리매김했다는 소식을 들었습니다. 얼마나 감사하던지요.

사랑하는 여러분, 교회의 모든 성도는 쌍멍에로 묶인 한 팀이고 운명 공동체입니다. 교회 공동체를 건강하게 세우고 사명을 이루기 위해 서로 포용하고 인내하며 기다리고 협력하여 시너지 효과를 최대한 내는 교회가 되기를 바랍니다. 내 옆의 동역자들과 함께 쌍멍에를 메고, 한마음으로 한 영혼을 주님 앞으로 이끌며 제자 삼는 사명을 이루어 갑시다.

셋째, 성령이 주시는 자원함으로 수행해야 합니다

"다만 네 승낙이 없이는 내가 아무것도 하기를 원하지 아니하노니 이는 너의 선한 일이 억지같이 되지 아니하고 자의로 되게 하려 함이라"(14절).

바울은 빌레몬에게 바라는 것이 있었습니다. 빌레몬이 그에게 피해를 끼치고 도망친 노예 오네시모의 잘못을 용서하고, 그를 형제로 받아들인 후 다시 바울에게 보내어 복음 사역을 돕게 하는 것이었습니다. 그러나 바울은 그 일을 빌레몬에게 강요하고 싶지 않았습니다. 대신 복음의 원리에 동의하고 '자원하여' 그 일을 하길 바랐습니다.

사도 바울은 초대 교회의 권위 있는 목회자였습니다. 그는 빌레몬에게 더 성경적이고 더 옳은 일을 하도록 권위 있는 어조로 지도할 수 있었지만, 그렇게 하지 않았습니다. 빌레몬이 그의 가르침을 듣고 스스로 깨달아 옳은 일을 기꺼이 하기를 원했습니다. 그리스도인은 양심의 자유가 있고, 마음속에 성령님을 모시고 있기 때문입니다. 그래서 하나님이 그의 마음을 움직여 그가 기쁜 마음으로 그 일을 하길 바랐습니다.

시편 1편 2절에서는 여호와의 율법을 '어떻게' 지키는 사람이 복되다고 말하고 있습니까? "오직 여호와의 율법을 즐거워하여 그의 율법을 주야로 묵상하는도다." 여호와의 율법을 기쁜 마음으로 지키는 자가 진정으로 복된 자입니다. 율법은 마지못해 지키는 것이 아니라 사랑하여 자발적으로 지키는 것이 옳습니다. 마찬가지로 복음 사역도 좋아서, 기뻐서, 자원해서 하는 것이 옳습니다.

에스라서에는 하나님의 성전을 건축하기 위해 이스라엘 백성들이 예물을 모으는 장면이 나옵니다. 에스라가 백성들에게 어떤 자세로 예물을 드리라고 말합니까? "예루살렘에 세울 하나님의 성전을 위하여 예물을 기쁘게 드릴지니라 하였더라"(스 1:4). 바벨론 포로생활에서 고향 땅으로 돌아오게 하신 하나님의 은혜에 진정으로 감사한다면 기쁘게 예물을 드리라는 것입니다.

하나님은 예물을 구걸하는 분이 아닙니다. 우리를 먼저 사랑하신 하나님께, 우리가 감사와 보답의 마음으로 예물을 드리기를 원하십니다. 하나님은 우리가 복음을 위해 일할 때, 마음 없이 억지로 하는 것을 원하지 않으십니다. 하나님께 받은 구원, 보호하심, 기도 응답에 감사하여 기꺼이 나서서 하나님과 교회와 이웃을 섬기길 기대하십니다.

사랑하는 여러분, 복음 사역을 잘 감당하고 싶습니까? 그렇다면 "복음 사역을 잘 감당할 수 있는 능력을 부어주십시오"라고 기도할 수 있습니다. 그런데 더 좋은 기도가 있습니다. "구원의 기쁨을 회복하고, 하나님의 은혜를 충만히 누리게 해주십시오"라고 기도하는 것입니다.

내가 받은 복음이 얼마나 귀한지, 내게 주어진 구원이 얼마나 놀라운지 진정으로 깨달을 때, 우리는 진심으로 "웬 말인가, 날 위하여 주 돌아가셨나. 이 벌레 같은 날 위해 큰 해 받으셨나"라고 고백하게 됩니다. 이러한 표현은 과장이 아니며 감정 과잉이나 아부도 아닙니다. 구원받을 자격도 공로도 없는 나를 하나님이 이렇게 사랑하신다는 사실이 놀랍고, 그 큰 은혜에 감사하고 감격하는 것입니다. 그때 우리는 성령님이 주시는 자원함으로 복음 사역을 수행하게 됩니다. 부디 그렇게 되기를 바랍니다. 그럴 때 우리 교회는 믿지 않는 영혼들을 구하고, 성도들을 그리스도의 강한 군사로 키우며, 지역사회를 복음으로 변화시키는 공동체가 될 줄로 믿습니다.

고난과 협력과 성령으로 복음 사역을 수행합시다

지금까지 복음 사역을 수행하는 세 가지 방법에 대해 말씀드렸습니다. 쉽게 기억할 수 있도록 요약하자면, 모두 S로 시작합니다.

Suffering(고난), Synergy(협력), Spirit(성령)

고난을 기억하십시오. 복음 사역에는 고난이 따릅니다.

협력을 기억하십시오. 복음 사역은 혼자가 아니라 동역자들과 함께 하는 것입니다. 성령을 기억하십시오. 복음 사역은 성령님이 주시는 자원하는 마음으로 해야 합니다.

『한국 교회 트렌드 2024』(목회데이터연구소)는 한국 교회가 시대의 변화를 잘 파악해 변하는 시대의 요구에 응답하면서도 변치 않는 복음을 잘 전파할 수 있도록 돕는 책입니다. 이 책은 여러 주제를 다루지만, 본문과 관련해 가장 기억에 남은 것은 그리스도인의 '개인주의화'입니다. 분석에 따르면, 코로나 팬데믹 기간을 거치며 이전에 끈끈했던 교인들의 공동체성과 헌신도가 상당히 약해졌습니다.

원래 한국 교회는 성도들의 열정적인 헌신으로 세워졌습니다. 많은 성도들이 예배와 사역에 헌신했고, 시간과 물질을 아낌없이 드려 교회를 세웠습니다. 덕분에 한국 교회는 세계 교회 역사에서 보기 드문 부흥과 성장을 이루었습니다. 그러나 팬데믹으로 인해 어쩔 수 없이 휴식기를 가졌다가 다시 시작하려니 동력이 잘 생기지 않는다는 것입니다. 열심히 달릴 때의 관성은 사라지고, 멈추어 있는 관성이 생기니 다시 달리기가 어렵고 두렵다는 사람들이 많아졌다는 분석입니다.[14]

그럴 수 있습니다. 두려울 수 있고, 어렵게 느껴질 수 있습니다. 그럼에도 분명한 사실은 이제는 달려야 할 때라는 것입니다. 지금은 회복과 부흥을 위해 일어날 때입니다. 주님이 다시 오실 날이 멀지 않았습니다. 그날에 부끄럼 없이 주님을 만나야 하지 않을까요? "주님 다시 오실 때까지 나는 이 길을 가리라. 좁은 문 좁은 길 나의 십자가 지고 나의 가는 이 길 끝에서 나는 주님을 보리라. 영광의 내 주님 나를 맞아주시리"("주님 다시 오실 때까지", 고형원 작사). 우리의 남은 인생도 생각보다 길지 않습니다. 주님이 주신 단 한 번의 인생을 어떻게 살아야 가치 있고 보람될까요?

사랑하는 여러분, 복음 사역을 위해 살기로 결단하기를 바랍니다. 자원함으로, 감사함으로, 소망함으로 복음 사역에 동참하십시오. 성령님이 우리 마음속에 그런 감사와 소망과 자원함을 부어주시길 기도합니다. 주님이 다시 오실 때까지 모든 성도와 우리 자녀들이 복음을 위해 헌신하기를, 그리하여 인생길 끝에서 주님께 칭찬과 상급을 받는 영광을 누리길 주님의 이름으로 축원합니다.

○ 오늘의 묵상

1. 복음을 전하거나 신앙생활을 할 때 마주하는 도전이나 어려움은 무엇인가요? 이런 고난을 어떻게 신앙의 성숙으로 연결할 수 있을까요?
2. 신앙생활에서 다른 성도들과 얼마나 협력하고 있나요? 교회 공동체에 더 적극적으로 참여할 수 있는 방법을 생각해보세요.
3. 하나님과 교회, 이웃을 섬길 때 자발적으로 기쁘게 임하고 있나요? 자원하는 마음으로 사역에 참여하기 위해 필요한 것은 무엇인가요?

○ 오늘의 기도

하나님 아버지, 복음 앞에서 우리의 삶을 돌아보고 앞일을 결단할 수 있는 시간을 주셔서 감사합니다. 사도 바울이 고난 속에서도 복음을 위해 헌신한 것처럼, 우리도 고난을 딛고 복음을 위해 섬기는 자가 되기를 원합니다. 바울이 동역자들과 협력하여 복음 사역을 감당한 것처럼, 우리도 성도들을 존중하고 사랑하며 협력하여 사명을 이루게 해주십시오. 바울이 빌레몬에게 기대한 것처럼, 성령님의 인도하심을 받아 자원하여 복음 사역에 임하게 해주십시오. 교회, 가정, 지역사회 등 복음 사역이 필요한 영역에서 주님이 부르실 때, 기쁘게 그 일을 감당하게 도와주십시오. 우리를 통해 주님의 나라를 세우시는 예수님 이름으로 기도합니다. 아멘.

6

성도는 서로를 어떻게 보아야 하는가?

빌레몬서 14-16절
¹⁴ 다만 네 승낙이 없이는 내가 아무것도 하기를 원하지 아니하노니 이는 너의 선한 일이 억지같이 되지 아니하고 자의로 되게 하려 함이라 ¹⁵ 아마 그가 잠시 떠나게 된 것은 너로 하여금 그를 영원히 두게 함이리니 ¹⁶ 이 후로는 종과 같이 대하지 아니하고 종 이상으로 곧 사랑받는 형제로 둘 자라 내게 특별히 그러하거든 하물며 육신과 주 안에서 상관된 네게랴.

우리 교회의 첫 번째 비전은 '영혼 구원하여 제자 삼는 교회'입니다. 이 비전을 이루기 위해서는 무엇보다 성도들이 서로 화목해야 합니다. 나보다 남을 낫게 여기는 마음으로 서로를 존귀하게 여기고, 생각의 차이를 존중하며 대화를 통해 합의점을 찾아야 합니다. 하나님 나라라는 대의를 위해 힘과 자원을 모아 하나님이 기뻐하시는 일을 이루어 나가야 합니다.

화목한 교회가 되면 미래에 대한 소망이 넘치고, 교회

안팎으로 칭찬받는 공동체가 됩니다. 이렇게 한마음 한뜻으로 나아갈 때, 교회는 영혼을 구원하여 제자 삼는 것뿐만 아니라 많은 사명을 이룰 수 있습니다. 반대로, 성도들의 마음이 나뉘면 어떤 일이 일어날까요? 성도들은 형식적으로 예배하고, 피상적으로 교제하며, 영성이 자라지 않습니다. 교회 안은 시끄럽고 혼란스러워지며, 결국 교회 밖으로 나가 선교하고 봉사할 능력을 잃게 됩니다.

본문 말씀을 통해 성도가 서로를 어떻게 보아야 화목한 교회가 될 수 있는지 발견하기를 바랍니다. 성도들의 시선이 어떠해야 서로 하나 되고, 한마음으로 사명을 감당하는 교회가 될 수 있을까요?

첫째, 모든 성도가 그리스도의 종임을 기억해야 합니다

"이후로는 종과 같이 대하지 아니하고 종 이상으로 곧 사랑받는 형제로 둘 자라. 내게 특별히 그러하거든 하물며 육신과 주 안에서 상관된 네게랴"(16절).

모든 성도는 주님 안에 있으며, 그리스도를 주인으로 모시는 사람들입니다. 나도, 옆에 있는 성도도 모두 그리스도의 종임을 기억해야 합니다. 존귀하고 영광스러운 주인 그리스도 앞에서 우리는 모두 본질적으로 비천하고 쓸모없는 종들입니다. 목사나 장로라고 해서 더 높지 않고, 서리집사라고 해서 더 낮지 않습니다. 교회에 오래 다녔다고 해서 더 높지 않고, 새로 나온 성도라고 해서 더 낮지 않습니다. 우리는 모두 본래 비천하고 쓸모없었지만 그리스도의 은혜를 입어 존귀해진 종들입니다.

그런 점에서 모든 성도가 평등하다는 사실을 기억해야 합니다. "하물며 육신과 주 안에서 상관된 네게랴"는 표현은 오네시모와 빌레몬 두 사람 모두의 진정한 주인이 예수 그리스도라는 사실을 암시합니다. 오네시모는 종이었고, 빌레몬은 그의 주인이었습니다. 세상의 눈으로 보면 두 사람 사이에 분명한 신분 차이가 있었습니다. 그러나 바울은 두 사람 모두 하나님을 주인으로 모신 종임을 명시합니다.

종들끼리 우열을 가리는 것은 의미가 없습니다. 종들은 서로 누가 더 높고 낮은지를 따질 것이 아니라, 그들의 주인이 누구인지 알고 그 주인을 기쁘게 하기 위해 협력해야 합니다. 주인 앞에서 종들은 평등합니다. 우리 모든 성도는 주님의 명령 앞에 자신의 생각과 고집을 내려놓고 온전히 순복해야 하는 종들입니다.

예전에는 유명한 목사를 소개할 때, "하나님의 귀한 종님이신 아무개 목사님을 소개합니다"라고 말하는 사람들이 간혹 있었습니다. 그러나 '종님'이라는 말은 형용모순입니다. '종'이라는 신분과 '님'이라는 존칭은 어울리지 않습니다. 솔직히 말해, 종에는 '놈' 자가 붙어야 더 어울립니다. 우리 모두 본래 하나님의 '종놈'들이었는데, 그분의 넘치는 사랑을 받아 아들딸로 입양되지 않았습니까?

그러므로 다른 성도를 바라볼 때, 그가 나와 동등한 가치를 지닌 존귀한 존재이며, 동시에 하나님 앞에서 나와 똑같이 순복해야 할 종의 의무를 가진 사람이라는 것을 기억하십시오. 나도, 내 옆의 성도도 하나님의 섭리 아래서 그분의 보호와 인도하심을 받는 사람들입니다.

15절에서는 "아마 그가 잠시 떠나게 된 것은…"이라는 표현이 나옵니다. "떠나게 된 것은"을 문자적으로 번역하면 '그가 당신과 분리된(separated) 것은'이라는 뜻입니다. 여기서 사용된 '분리된'이라는 수동태는 이 행동의 숨겨진 주체가 하나님이심을 암시합니다. 신학자들은 이것을 '신적 수동태'라고 부릅니다.[15] 빌레몬과 오네시모 모두 하나님의 섭리 아래 인도하심을 받는 종임을 나타냅니다.

두 사람이 분리된 일은 빌레몬의 입장에서 보면 오네시모가 도망쳐서 생긴 일로, 괘씸하고 불쾌할 수 있습니다. 반면, 오네시모 입장에서 보면 빌레몬 아래서 종으로 지내는 생활이 불만스러웠을 수 있으며, 이를 이유로 도주를 합리화했을지도 모릅니다. 그러나 바울은 이 상황을 전혀 다른 관점으로 보고 있습니다. 이유가 어찌 되었든 두 사람이 헤어져 있던 기간이 결과적으로 두 사람 모두에게 '유익한' 시간이 되었다는 것입니다. 오네시모는 바울을 통해 복음을 듣게 되었고, 빌레몬은 오네시모를 믿음의 형제로 얻게 되었기 때문입니다. 바울은 이러한 관계가 하나님의 섭리 안에서 인도되고 있음을 밝힙니다.

사랑하는 여러분, 우리 모두는 하나님의 평등한 종들입니다. 똑같이 하나님의 말씀에 순종하며 살아가야 할 평등한 종들입니다. 그러므로 서로 비교해서는 안 됩니다. 내가 옆의 성도보다 더 나은 면이 있다고 우쭐해서는 안 됩니다. 더 부족한 면이 있다고 움츠러들 필요도 없습니다. 그도 나도 하나님 앞에서 겸손히 살아가야 하는 종일 뿐입니다. 아우구스티누스가 말한 것처럼, 그리스도인의 덕목은 첫째도 겸손, 둘째도 겸손, 셋째도 겸손입니다.

둘째, 영원한 하늘의 신분을 근거로 성도를 대해야 합니다

"아마 그가 잠시 떠나게 된 것은 너로 하여금 그를 영원히 두게 함이리니"(15절).

빌레몬은 부유한 주인이었고, 종들을 거느리는 높은 지위에 있었습니다. 세상의 기준으로 보면 그는 인정받을 만한 사람이었습니다. 그러나 바울은 '지나가는 이 땅의 신분'보다 더 중요한 것이 있다고 말합니다. 그것은 하나님이 인정하고 중요하게 여기시는 '영원한 하늘의 신분'입니다.

세상의 신분으로 보면, 오네시모는 그저 수많은 종들 가운데 한 명일 뿐이고 소모품 같은 존재입니다. 그러나 하늘의 신분에 따르면, 그는 하나님을 아버지로 모신 소중한 형제이며 완성된 하나님 나라에서 영원히 함께할 가족입니다. 바울은 빌레몬이 이러한 하늘의 신분을 기준으로 오네시모를 대할 것을 요청합니다.

사랑하는 여러분, 우리도 다른 성도들을 '지나가는 이 땅의 신분'이 아니라 '영원한 하늘의 신분'에 근거해 보아야 합니다. 이 땅에서 아무리 낮고 보잘것없는 신분일지라도, 그는 하늘에서 하나님의 집에 거하게 될 존귀한 하나님의 자녀입니다. 그러므로 그를 존귀한 자로 여겨야 합니다. 더 나아가 그가 이 땅에서도 하나님 나라와 복음, 교회를 위해 요긴하게 쓰임 받을 수 있도록 도와야 합니다.

잠시 군대 생활 이야기를 나누자면, 저는 대학 3학년을 마치고 공군에 입대했습니다. 당시 많은 이들이 1학년만 마치고 입대했기 때문에, 저는 이병이었지만 대부분의 또래들은 이미 병장이었습니다. 주위의 일병과 상병들도 대부분 저보다 한두 살 아래였습니다. 제가 나중에 군종병이 되기 전까지 내무실 생활을 할 때는 두 살 어린 바로 위 고참에게 괴롭힘을 당하기도 했습니다.

그때 저와 동갑인 장영해 병장을 만났습니다. 감사하게도 그는 부산 온천동 출신의 신실한 그리스도인이었습니다. 어느 날 그는 저에게 살짝 다가와 말했습니다. "우리 동갑인데 친구 하자. 둘이 있을 때는 편하게 얘기해." 처음에는 그가 저를 시험하는 줄 알았지만 알고 보니 진심이었습니다. 그의 배려 덕분에 교회에 나가기가 편해졌고, 나중에는 함께 병사 신우회를 섬기기도 했습니다. 전역 후 우리는 더욱 친해졌고, 지금도 가끔씩 연락을 주고받고 있습니다. 그는 아들 하나를 낳고, 이후 다섯 명의 아들을 입양하여 기르고 있습니다. 군대에서 저를 단순히 쫄병으로 여기지 않고, 믿음의 형제로 대하며 인격적인 교제를 나누어준 그 친구가 지금도 참 고맙습니다.

사랑하는 여러분, 내 옆에 있는 성도를 천국에서 영원히 함께할 존귀한 존재로 바라봐주시길 바랍니다. 혹시 갈등이 생겼다면, 주님이 주시는 지혜로 풀기를 바랍니다. 혹시 무시하는 마음이 들 때는, 주님이 그를 존귀하게 여기고 계심을 기억하십시오. 어렵고 어색하더라도 주님이 주시는 용기로 다가가기를 바랍니다. 우리는 천국에서 영원히 함께 거할 사람들입니다. 직장 동료, 거래처 직원, 동네 사람들도 하늘의 관점으로 바라보고, 그들도 하나님 나라의 백성이요 자녀가 될 수 있도록 기도하며 섬기기를 바랍니다.

셋째, 성도가 성숙하기까지 기다려주어야 합니다

"다만 네 승낙이 없이는 내가 아무것도 하기를 원하지 아니하노니 이는 너의 선한 일이 억지같이 되지 아니하고 자의로 되게 하려 함이라"(14절).

바울은 자신이 제안한 올바른 방향을 빌레몬이 따르기를 바랐지만, 강요하지 않고 그가 스스로 올바른 결정을 내리기를 인내하며 기다리기로 합니다. 아직 미숙한 부분이 있더라도 받아들이기로 하고, 타인에 대한 인내와 용납을 통해 성숙한 그리스도인의 본을 보여줍니다.

바울은 자신도 연약한 부분이 있으니 이에 대해 용납해 달라는 부탁도 합니다. "원하건대 너희는 나의 좀 어리석은 것을 용납하라. 청하건대 나를 용납하라"(고후 11:1). 그는 이렇게 용납하고 용납받는 일이 이루어지는 사랑의 공동체를 원했습니다.

그러나 여기서 주의할 점은, 거짓 가르침을 퍼뜨리는 거짓 성도는 용납해서는 안 된다는 것입니다. 사도 바울은 거짓 성도와 거짓 가르침을 용납한 고린도 교회를 강하게 책망했습니다. "만일 누가 가서 우리가 전파하지 아니한 다른 예수를 전파하거나 혹은 너희가 받지 아니한 다른 영을 받게 하거나 혹은 너희가 받지 아니한 다른 복음을 받게 할 때에는 너희가 잘 용납하는구나"(고후 11:4). 교회의 건강성을 위협하는 불건전하고 이단적인 요소는 단호히 물리쳐야 합니다.[16] 그러나 바른 믿음을 가진 성도의 부족함이나 연약함은 용납하고 기다려주어야 합니다. "모든 겸손과 온유로 하고 오래 참음으로 사랑 가운데서 서로 용납하고"(엡 4:2).

예수님도 제자들의 미숙함을 용납하고 인내해주셨습니다. 베드로는 열두 제자 중 수제자로 알려져 있지만, 실제로는 부족함이 많고 연약한 사람이었습니다. 그는 물위를 걷다가 의심하여 물에 빠진 적이 있었고, 죽기까지 예수님을 따르겠다고 큰소리쳤으나 대제사장의 뜰에서 세 번이나 예수님을 부인했습니다. 또한 감람산에서 예수님이 체포되실 때 칼을 휘둘러 대제사장의 종 말고의 귀를 자르기도 했습니다. 부활하신 예수님이 그에게 찾아와 앞으로 당할 고난과 희생에 대해 진지하게 말씀하실 때조차 베드로는 "그럼 요한은 앞으로 어떻게 되겠습니까?"라고 묻는 엉뚱한 호기심을 보였습니다. 그럼에도 예수님은 그를 책망하지 않고 차분하게 타이르셨습니다. "내가 올 때까지 그를 머물게 하고자 할지라도 네게 무슨 상관이냐. 너는 나를 따르라"(요 21:22). 다른 사람에게 신경 쓰지 말고 '너 자신'이 신실한 제자가 되는 일에 집중하라는 말씀입니다.

예수님은 이렇게 미성숙한 베드로를 용납해주셨고, 베

드로는 예수님을 더욱 사랑하게 되어 그분의 용납과 사랑 속에서 점차 성숙해갔습니다. 이후 베드로는 하나님 나라와 교회를 섬기는 중요한 인물이 되었습니다. 교부 오리게네스에 따르면, 그는 로마 제국에 의해 십자가에 거꾸로 달려 순교할 정도로 희생하고 헌신하는 제자가 되었습니다. 부모가 자녀를 인내로 키우고, 스승이 제자를 인내로 가르치며, 목자가 목원을 인내로 돌보면 성장과 성숙의 때가 옵니다. 인내가 사람을 키웁니다.

사랑하는 여러분, 다른 성도를 보면서 조급해하거나 답답해하지 마십시오. 미숙함을 용납하고, 그를 위해 기도하며 성숙해지기를 기다려주십시오. 제 두 아들이 아장아장 걸음마를 할 때, "언제쯤이면 이 아이들이 자라서 하나하나 챙겨주지 않아도 될까" 하고 한숨을 쉬었는데, 벌써 고등학교 3학년과 1학년이 되었습니다. 이제는 아빠를 잘 찾지 않아 오히려 서운할 때도 있습니다. 용납하고 인내하며 기다리다보면 아이들은 어느새 자라납니다.

다른 성도들도 마찬가지입니다. 미숙함이 보이더라도 용납하고 기다려주고, 영적 성장을 위해 기도한다면, 그의 영성과 인격이 성숙의 열매를 맺게 될 것입니다. 미숙함과 연약함에 실망하지 말고, 성숙과 진보를 다그치기보다는 용납하고 기다리며 기도함으로써, 하나님이 그 사람 안에서 행하시는 은혜의 역사를 목격하고 감사하는 우리가 되기를 바랍니다.

다른 성도를 향해 평등, 영원, 인내를 기억하고 실천합시다

성도가 서로를 바라보는 방법에 대해 말씀 속에서 답을 찾아보고 나누었습니다. 이를 요약하면 3E가 필요합니다.

Equality(평등), Eternity(영원), Endurance(인내)

첫째, Equality, 평등입니다. 성도는 다른 성도를 하나님 앞에서 평등한 종으로 바라보아야 합니다. 우리 모두가 하나님을 주인으로 모신 종임을 기억하며, 항상 겸손하게 서로를 대해야 합니다. 둘째, Eternity, 영원입니다. 성도는 다른 성도를 지나가는 이 땅의 관점이 아닌, 영원한 하늘의 관점으로 바라보아야 합니다. 현재의 모습만으로 형제자매를 판단하지 말고, 하나님 나라에서 영원히 지속되는 신분을 근거로 존귀히 대해야 합니다. 셋째, Endurance, 인내입니다. 성도는 다른 성도가 성숙해질 때까지 인내하며, 그의 미숙함을 용납해야 합니다. 잘못된 길로 가고 있다면 바로잡아야겠지만, 느리게 가는 것이 문제라면 책망하기보다 기다려주어야 합니다. 인내하고 용납하는 마음이 사람을 변화시키고 성장하게 합니다.

 이와 같이 다른 성도들을 평등, 영원, 인내의 마음으로 대하며 실천할 때, 화목하여 소망이 넘치고 하나님과 사람 앞에 칭찬받는 교회 공동체가 되기를 주님의 이름으로 축원합니다.

O 오늘의 묵상 ─────────

1. '그리스도의 종'이라는 정체성은 우리가 신앙생활을 하는데 어떤 영향을 미칠까요?
2. 주변 사람들을 세상의 지위나 현재 모습이 아닌, 하나님 앞에서의 영원한 신분과 가치로 존중하고 있는지 생각해보세요.
3. 다른 사람의 미숙함을 용납하고 성숙을 기다리는 것이 중요한 이유는 무엇인가요?
4. 나와 생각이 다른 사람들과 어떻게 화목하게 지낼 수 있을까요? 이와 관련해 빌레몬을 대하는 바울의 태도에서 배울 점은 무엇인가요?

O 오늘의 기도 ─────────

사랑의 아버지 하나님, 우리가 화목하고 소망이 넘치며 하나님과 사람들에게 칭찬받는 교회가 되기를 소원합니다. 성경의 가르침을 따라 성도들이 서로를 겸손히 대하며, 그리스도의 평등한 종임을 기억하기를 원합니다. 현재의 모습이 아니라 영원한 하늘의 신분을 근거로 서로를 존귀히 여기고, 다른 성도의 연약함과 미숙함을 용납하며, 그들의 성장과 성숙을 위해 기도하고 기다리는 마음을 허락해주십시오. 우리가 한마음 한뜻으로 주님이 맡기신 영혼들의 구원과 제자 양육의 사명을 기쁘게 이루어 가는 교회가 되게 하시고, 건강하고 본이 되는 교회로 하나님께 기쁨과 영광을 돌리게 해주십시오. 예수 그리스도의 이름으로 기도드립니다. 아멘.

7
"그것을 내 앞으로 계산하라"

빌레몬서 17-19절
17 그러므로 네가 나를 동역자로 알진대 그를 영접하기를 내게 하듯
하고 **18** 그가 만일 네게 불의를 하였거나 네게 빚진 것이 있으면
그것을 내 앞으로 계산하라 **19** 나 바울이 친필로 쓰노니 내가
갚으려니와 네가 이 외에 네 자신이 내게 빚진 것은 내가 말하지
아니하노라.

약 10년 전쯤 제가 미국 시카고에서 유학 생활을 하던 때의 일입니다. '세노야'라는 한식 뷔페 식당이 있었는데, 아이들이 그곳에 가서 마음껏 먹어보고 싶다고 했습니다. 비싼 식당은 아니었지만, 유학생 신분으로 부담이 될 수 있는 곳이었습니다. 어느 날 큰맘 먹고 가족들과 함께 세노야에 가서 배부르게 식사를 했습니다. 식사 후 계산을 하려는데, 카운터 직원이 "다른 분이 이미 음식값을 내셨습니다"라고 말하는 것이 아닙니까? 예전에 섬겼던 교회의 집사님을 식

당에서 만나 인사를 나누었는데, 그분이 말없이 우리 가족의 밥값을 내고 가셨던 것입니다. 가난한 유학생 시절, 그 감사한 기억은 지금도 잊을 수 없습니다.

내가 지불해야 할 음식값을 누군가 대신 내주었다는 이야기는 정말 기쁜 소식입니다. 마찬가지로 내가 갚아야 할 빚을 누군가 대신 갚았다는 이야기를 듣는다면 얼마나 기쁠까요? 이 장의 본문은 바로 빚을 대신 갚아주는 것에 관한 이야기입니다. 바울이 오네시모의 빚을 대신 갚아주겠다고 한 이야기를 통해 우리가 지고 있는 빚이 무엇인지, 그리고 하나님이 그 빚을 어떻게 처리하셨는지 살펴보면서 하나님의 은혜를 묵상하길 원합니다.

오네시모가 빌레몬에게 불의를 행하고 빚을 졌습니다

빌레몬서에서 가장 중심이 되는 빚은 오네시모가 빌레몬에게 진 빚입니다. 이 빚에 대해 바울은 이렇게 말합니다. "그가 만일 네게 불의를 하였거나 네게 빚진 것이 있으면 그것을 내 앞으로 계산하라"(18절). 여기서 바울은 "그가 네게 불의를 하였거나 네게 빚진 것이 있으면"이라며 가정법으로 말합니다. 그러나 이 문장은 헬라어 문법상 원인으로 해석하는 것이 더 적절합니다. 즉 "그가 네게 불의를 하였거나 네게 빚을 졌으므로"라고 해석하는 것입니다. 오네시모가 빌레몬에게 불의를 행했고, 빚진 것은 기정 사실이기 때문입니다.

그렇다면 오네시모는 빌레몬에게 어떤 잘못을 저질렀을까요? 이에 대해 여러 해석이 있지만, 가장 일반적인 견해는 오네시모를 '도망 노예'로 보는 것입니다. 만약 오네시모가 도망 노예였다면, 그의 잘못이나 빚은 주인의 물건을 훔쳐서 도망친 일일 가능성이 큽니다. 도망 노예들은 도주 자금을 마련하기 위해 도둑질을 하는 경우가 많았기 때문입니다. 아니면 오네시모의 잘못은 단순히 도망친 것일 수 있고, 그의 빚은 도망으로 인해 더 이상 주인을 섬기지 않아 발생한 손실을 의미할 수도 있습니다.

그러나 바울은 오네시모와 빌레몬 사이에서 누가 옳고 그른지 따지는 것을 중요하게 여기지 않았습니다. 그보다는 두 사람의 관계 회복을 더 중요하게 여겼습니다. 그래서 바울은 오네시모의 빚을 대신 갚아주겠다며 빌레몬에게 "그것을 내 앞으로 계산하라"고 말합니다. 여기서 '계산하라'에 쓰인 헬라어 동사는 '엘로게오'(ἐλλογγέω)로, '기록하다', '청구하다'라는 뜻입니다. 즉 "그것을 내게 청구하라"는 의미입니다. 바울은 사실상 이렇게 말하고 있는 것입니다. "오네시모가 당신에게 피해를 입혔습니까? 내가 그 피해를 보상하겠습니다. 그러니 마음을 풀고 오네시모를 용납해주십시오. 그가 용서를 빌러 오면 기꺼이 받아주고 용서해주기를 바랍니다."

바울은 연금 상태의 자신을 돕고 있는 오네시모가 고마웠습니다. 그는 오네시모가 하나님 나라와 교회를 위한 좋은 일꾼이 될 가능성을 보았습니다. 그래서 오네시모가 빌레몬에게 진 빚을 청산하고, 빌레몬과의 관계를 회복할 수 있도록 돕고자 했습니다. 또한 오네시모가 로마에서 자신을 도와 복음 전파에 기여할 수 있도록 그를 적극적으로 도운 것입니다.

흥미롭게도 성경에서는 '빚을 지다'라는 표현과 '죄를 짓다'라는 표현을 동일한 의미로 사용합니다. 빚을 지면 갚아야 하듯이, 죄를 지으면 용서를 받아야 합니다. 빚을 갚지 못하면 채무자는 채권자에게 종으로 팔려 가게 됩니다. 마찬가지로 죄를 용서받지 못하면 죄의 종이 되어 저주와 사망의 형벌을 받게 됩니다.

   바울은 "그가 만일 네게 불의를 하였거나 네게 빚진 것이 있으면"이라며 두 가지 행위를 언급하지만, 사실 이 두 가지는 같은 의미입니다. 주기도문은 누가복음에서는 "우리가 우리에게 죄 지은 사람을 용서하오니 우리 죄도 사하여주시옵고"(눅 11:4)라고 기록되어 있지만, 마태복음에서는 헬라어 원어로 보면, "우리가 우리에게 빚진 자를 탕감하여 준 것같이 우리의 빚도 탕감하여주시옵고"(마 6:12)라고 되어 있습니다. 여기서 '죄'와 '빚'이 동의어로 사용되고 있습니다.

   오네시모가 빌레몬에게 큰 잘못을 저지른 것은 분명합니다. 그는 주인에게 큰 빚을 졌고, 그 빚을 갚아야 했습니다. 하지만 그럴 능력이 없었습니다. 이런 상황에서 오네시모는 어떻게 해야 할까요? 평생 죄책감과 두려움을 안고 주인 빌레몬을 피해 도망다녀야 할까요? 아니면 열심히 돈을 벌어 빌레몬에게 자기 몸값과 훔친 돈을 갚아야 할까요?

바울이 오네시모의 빚을 대신 갚겠다고 말합니다

사실 오네시모는 자신이 진 빚에 대해 아무런 대책이 없었습니다. 그런 상황에서 바울은 그에게 선물처럼 다가왔습니다. 바울은 "그가 만일 네게 불의를 하였거나 네게 빚진 것이 있으면 그것을 내 앞으로 계산하라"(18절)며 오네시모의 빚을 자기 앞으로 돌리라고 말합니다.

바울은 자신의 구술을 필사자가 기록하게 했지만, 19절은 자신의 손으로 직접 썼습니다. "나 바울이 친필로 쓰노니 내가 갚으려니와 네가 이 외에 네 자신이 내게 빚진 것은 내가 말하지 아니하노라"(19절). 이는 필체를 통해 이 편지가 진정 바울의 것임을 보여주기 위함이었습니다. 또한 오네시모의 빚을 대신 갚겠다는 약속을 확실히 이행하겠다는 보증이었습니다.

바울은 오네시모의 빚을 자신이 꼭 갚아야겠다고 생각했습니다. 만약 빚을 갚지 못하면, 오네시모는 평생 빌레몬을 피해 도망다녀야 하고, 민형사상 범죄자로 살 수밖에 없었습니다. 그러나 오네시모는 그 빚을 갚을 능력이 없었기에 바울이 대신 갚아주려 했던 것입니다.

바울은 빌레몬에게 오네시모의 빚을 "그냥 잊어버리세요"라거나 "없던 일로 하세요"라고 말하지 않습니다. 대신 자신이 직접 갚겠다고 말합니다. 이는 자신을 통해 예수님을 만나 구원을 받고 그리스도인이 된 오네시모를 소중히 여겼기 때문입니다. 바울은 오네시모에게 사랑을 베풀어 그를 온전한 하나님의 일꾼으로 세우기를 소원했습니다. 그리고 진정한 사랑에는 책임이 따른다는 것을 알고 있었습니다.

사도행전 28장에 따르면, 바울은 로마로 압송된 후 셋집에 구금되어 있었습니다. 일종의 가택연금 상태였습니다. 당시 로마 문화를 연구한 학자들에 따르면, 가택연금된 죄수는 자신이 머무는 집의 월세와 그를 감시하는 군인의 봉급까지 부담해야 했습니다. 그런 상황에서 바울은 오네시모의 빚까지 갚아주겠다고 했습니다.

바울에게 무슨 돈이 있었을까요? 아마도 천막 제작자로 일하면서 벌어놓은 돈이 있었을 것입니다. 부모와 조상들에게 물려받은 재산이 있었을지도 모르고, 후원자들의 도움을 받았을 가능성도 있습니다. 어쨌든 그는 활용 가능한 자원을 가지고 있었고, 그 자원으로 로마에서 복음 전파하기를 멈추지 않았으며, 오네시모의 빚까지 갚아주려 했던 것입니다.

예수님이 하나님께 나의 빚을 대신 갚겠다고 하십니다

"그것을 내 앞으로 계산하라"는 말에는 오네시모의 빚을 반드시 갚겠다는 바울의 확고한 의지가 담겨 있습니다. 이 말은 타인의 잘못을 자신이 대신 책임지겠다는 뜻입니다. 타인이 겪어야 할 마음의 고통까지 자신이 감당하겠다는 의미로, 이는 결코 쉽게 할 수 있는 말이 아닙니다. 타인에 대한 깊은 사랑과 희생의 각오 없이는 할 수 없는 말입니다. 그래서 더욱 감동적입니다. 식당에서 식사 후 계산을 하려는데, "다른 분이 이미 밥값을 내고 가셨습니다"라는 말만 들어도 우리는 얼마나 감동을 받습니까? 그런데 바울은 오네시모의 적지 않은 빚과 잘못에 대한 책임을 모두 자신이 지겠다고 말하고 있습니다.

그런데 우리를 위해 이와 똑같은 말씀을 하신 분이 있습니다. "내 앞으로 계산해주십시오." "내가 다 갚겠습니다." 이분이 누구일까요? 바로 예수 그리스도입니다. 예수님은 나를 위해, 그리고 우리 한 사람 한 사람을 위해 하나님 아버지께 대속의 값을 치르겠다고 약속하셨습니다. "아버지, ○○○(이)가 아버지께 불의를 저질렀거나 빚진 것이 있다면 제 앞으로 계산해주십시오. 제가 다 갚겠습니다."[17]

만약 이 사실이 감동이 되지 않는다면, 그것은 우리가 저지른 불의가 얼마나 심각한지 깨닫지 못하거나, 우리가 진 빚이 얼마나 큰지 모르는 것입니다. 성경은 이렇게 말합니다. "모든 사람이 죄를 범하였으매 하나님의 영광에 이르지 못하더니"(롬 3:23). "기록된 바 의인은 없나니 하나도 없으며 깨닫는 자도 없고 하나님을 찾는 자도 없고 다 치우쳐 함께 무익하게 되고 선을 행하는 자는 없나니 하나도 없도다"(롬 3:10-12). 우리는 우리가 저지른 불의를 스스로 해결할 능력이 전혀 없습니다. 우리가 진 빚을 갚을 능력이 아예 없습니다. 그런 우리를 예수님이 불쌍히 여겨 대신 빚을 갚아주셨습니다.

마태복음 20장 28절은 우리를 향한 예수님의 사랑을 잘 보여줍니다. "인자가 온 것은 섬김을 받으려 함이 아니라 도리어 섬기려 하고 자기 목숨을 많은 사람의 대속물로 주려 함이니라." 예수님은 우리의 빚을 대신 갚기 위해 하늘에서

이 땅으로 오셨습니다. 하나님께 죄를 지어 갚을 길 없는 빚을 진 우리를 위해, 예수님은 자신의 생명을 대속물로 내어주셨습니다.

이 사실을 믿고, 실감하며, 감사하고 감격하는 사람은 이렇게 찬양할 수밖에 없습니다. "이전에 주님을 내가 몰라 영광의 주님을 비방했다. 지극한 그 은혜 내게 넘쳐 날 불러주시니 고마워라"(새찬송가 597장, 1절). 예수 그리스도가 십자가에서 우리를 대신해 죽으심으로, 우리는 완전하고 영원한 자유와 생명을 얻게 되었습니다.

빌레몬, 오네시모, 바울, 그리고 나도 영생을 빚진 자입니다

바울은 빌레몬에게 오네시모의 빚을 자신이 대신 갚겠다고 약속하면서, 그를 용서하고 형제로 받아들일 것을 요청합니다. 동시에 빌레몬 당신도 나 바울에게 빚진 것이 있다고 말합니다. "나 바울이 친필로 쓰노니 내가 갚으려니와 네가 이 외에 네 자신이 내게 빚진 것은 내가 말하지 아니하노라"(19절). 여기서 "네 자신이 내게 빚진 것은 내가 말하지 아니하노라"는 무슨 뜻일까요? 이는 "당신이 나에게 '당신

자신', 즉 당신의 영혼을 빚졌다는 말은 굳이 하지 않겠다"는 뜻입니다. 이는 실제로 빌레몬이 바울에게 빚진 것이 있음을 은근히 상기시키는 수사적 표현입니다.

여기서 '당신 자신을 빚졌다'는 것은 빌레몬이 바울을 통해 예수님을 믿고 구원받았다는, 즉 영적인 빚을 졌다는 뜻입니다. 바울은 빌레몬에게 이렇게 말하는 셈입니다. "오네시모의 빚은 내가 갚을 테니 걱정하지 마십시오. 그러나 당신이 나에게 영생을 빚진 일은 굳이 말하지 않겠습니다." 바울은 빌레몬에게 부담이 되더라도 옳은 일을 행하라고 압박하고 있는 것입니다. 부당한 일을 요구하는 압박은 아닙니다. 다만 거룩한 일을 요구하고 있습니다.

오네시모는 빌레몬에게 '물질적인' 빚을 졌고, 빌레몬은 바울에게 '영적인' 빚을 졌습니다. 그렇다면 누가 더 큰 빚을 진 것일까요? 당연히 빌레몬입니다. 빌레몬이 구원의 은혜와 그 감격과 가치를 진정으로 알고 있다면, 바울에게 빚진 마음과 감사의 마음을 가지는 것이 당연합니다.

빌레몬은 바울의 편지를 읽기 전까지 자신이 빚을 받아내야 하는 채권자라고 생각했을 것입니다. 그러나 편지를 읽고 나서 그는 오히려 자신이 오네시모보다 더 큰 영적인 빚을 바울과 하나님께 지고 있는 채무자라는 사실을 깨달았을 것입니다. 그는 결국 바울의 권면대로 오네시모를 용서하고 그를 형제로 받아들였을 것입니다. 만약 편지를 읽고 화를 냈다면 편지를 찢어버렸을 테지요. 그렇다면 2천 년이 지난 지금 이 편지가 우리에게 전해지지 않았을 것입니다.

빌레몬이 하나님께 영생을 빚진 자임을 깨달았던 것처럼, 우리도 하나님께 영생을 빚진 자임을 깨닫는 은혜가 있기를 바랍니다. 이전에 우리는 하나님께 범죄함으로 지옥의 형벌이라는 '불행한 빚'을 졌으나, 이제는 예수 그리스도의 십자가 은혜로 영생이라는 '행복한 빚'을 지게 되었습니다. '죄악의 빚'을 진 자에서 '사랑의 빚'을 진 자가 된 것입니다. 빌레몬, 오네시모, 바울, 그리고 우리 모두가 말입니다.

행복한 빚을 진 자는 어떻게 해야 할까요? 감사와 순종의 마음으로 하나님을 예배하고, 그분의 뜻을 행하며, 이웃을 섬기는 삶을 통해 우리가 진 이 '행복한 빚'을 갚으며 살아가기를 바랍니다.

남의 빚을 갚아주는 자가 되십시오

오네시모의 빚을 대신 갚겠다고 나서는 바울의 모습은, 도무지 갚을 길 없던 나의 빚을 갚아주신 예수님의 모습을 떠올리게 합니다. 예수님이 우리의 불의한 빚을 대신 갚아주심으로 우리는 하나님의 자녀가 되었고, 그분의 구원과 복을 누리는 자가 되었습니다. 이렇게 큰 은혜를 받은 우리가 어떻게 살아가기를 하나님은 원하실까요? 이제는 우리가 남의 빚을 갚아주며 살아가야 합니다.

마태복음 18장에는 주인에게 1만 달란트의 빚을 탕감받았으면서도 자신에게 100데나리온을 빚진 동료를 용서하지 않은 어떤 종의 이야기가 나옵니다. 1달란트는 약 6천 데나리온에 해당하므로, 이 종은 6천만 데나리온이라는 막대한 빚을 탕감받고도 자신에게 고작 100데나리온의 빚을 진 동료를 봐주지 않고 폭력을 행사하고 고소까지 한 것입니다.[18] 자신이 하나님께 얼마나 큰 은혜를 받았는지 제대로 알지 못하면, 우리는 다른 사람에게 작은 은혜조차 베풀지 못하게 됩니다.

오네시모의 빚을 대신 갚아주겠다는 바울의 약속은 예

수님의 약속과 비교할 수 없습니다. 바울은 펜의 잉크로 그 약속을 보증했지만, 예수님은 십자가에서 흘리신 피로 그 약속을 확증하셨습니다. 우리가 형제자매를 용서하지 못한다면, 자신이 하나님께 어떤 용서를 받았는지 깊이 깨닫지 못했을 가능성이 높습니다.

빚을 탕감받은 은혜를 입은 사람은 이웃의 빚을 탕감해 줌으로써 그 은혜를 나타내야 합니다. 죄 사함의 은혜를 입은 사람은 이웃을 용서함으로써 그 은혜를 증거해야 합니다. 바울은 오네시모를 감싸며 빌레몬에게 "나 바울을 대하듯이 오네시모를 대해주십시오"라고 요청했습니다. 마찬가지로 예수님은 우리를 감싸며 성부 하나님께 이렇게 말씀하신 것입니다. "저를 대하듯이 저 가련한 인간을 대해주십시오."

만약 생명을 바쳐 내 빚을 갚아주신 예수님이 찾아오신다면, 우리는 그분을 어떻게 대할까요? 아마도 최선을 다해 환영하고 섬길 것입니다. 예수님은 이렇게 말씀하십니다. "나를 환영하고 섬기듯이 너에게 상처를 주고 불편하게 한 그 형제자매를 환영하고 섬겨라." "자녀가 기대에 미치지 못해 답답하더라도 나를 대하듯이 그 아이를 있는 그대로 인정하고 격려해라." "배우자에게 화가 나고 서운하더라도 나를 대하듯이 그를 용납하고 품어주어라."

상대가 누구이든지 나의 큰 빚을 갚아주신 예수님의 부탁을 어떻게 외면할 수 있을까요? 기꺼이 순종하고자 할 때, 성령님이 그렇게 할 수 있는 능력을 우리에게 주십니다. 세상에서는 찾을 수 없는 은혜를 먼저 경험한 자로서, 은혜를 찾아 헤매는 세상 사람들에게 예수 그리스도의 진정한 은혜를 흘려보내고 증거하는 우리가 되기를 간절히 기도합니다.

○ 오늘의 묵상

1. 다른 사람에게 호의나 도움을 받은 적이 있나요? 그 경험이 내 삶에 어떤 영향을 미쳤는지 나누어보세요.
2. 인간관계에서 갈등이나 빚이 발생한 경우 어떻게 반응하나요? 관계 회복을 위해 누군가를 용서해본 적이 있나요?
3. 내가 갚지 못할 '영적인 빚'을 예수 그리스도가 십자가에서 대신 갚아주셨다는 믿음은 우리 삶에 어떤 의미를 주나요?
4. 어려움에 처한 주변 사람들을 돕고, 그들의 '빚'을 대신 갚아주는 삶을 실천할 수 있는 구체적인 방법을 생각해보세요.

○ 오늘의 기도

하나님 아버지, 오네시모가 죄를 짓고 도망쳤던 것처럼 우리도 하나님께 죄를 짓고 도망쳤습니다. 그러나 예수님이 우리의 빚을 대신 갚아주셔서 하나님과 화목하게 되었고, 우리는 하나님의 자녀이자 동역자가 되었습니다. 받을 자격이 없는 우리에게 구원의 은혜를 주셔서 감사합니다. 그 은혜에 감격하여 헌신했으나, 만약 지금 우리의 감사와 감격이 메말랐다면, 주님, 우리 눈에 눈물을, 마음에 감사를, 입술에 찬양을, 얼굴에 미소를 다시 채워주십시오. 우리에게 죄 지은 자를 용서하고, 고통받는 이의 짐을 덜어주며, 복음을 전하는 증인으로 살게 해주십시오. 우리 주 예수 그리스도 이름으로 기도드립니다. 아멘.

8
주님의 기쁨이 되는 성도입니까?

빌레몬서 20-21절
[20] 오 형제여 나로 주 안에서 너로 말미암아 기쁨을 얻게 하고 내 마음이 그리스도 안에서 평안하게 하라 [21] 나는 네가 순종할 것을 확신하므로 네게 썼노니 네가 내가 말한 것보다 더 행할 줄을 아노라.

성경은 하나님의 감동으로 기록된 책입니다. 66권이 성경으로 묶여 하나님의 말씀으로 권위를 가지게 된 것은 하나님이 역사하신 결과입니다. 성경 저자의 관점은 하나님이 저자에게 심어주신 것으로, 곧 하나님의 관점입니다. 따라서 사도 바울이 빌레몬에게 하는 권면은 사사로운 욕심에서 비롯된 것이 아닙니다. 우리는 성경을 읽을 때, 저자의 권위를 하나님의 권위로 인정하며, 배후에 진정한 저자인 하나님이 계심을 믿습니다.

본문 20절에서 사도 바울은 "오 형제여, 나로 주 안에서 너로 말미암아 기쁨을 얻게 하고 내 마음이 그리스도 안에서 평안하게 하라"고 요청합니다. 여기서 바울은 개인적인 기쁨을 요구하는 것이 아닙니다. 그 기쁨은 하나님의 기쁨과 연결되어 있습니다. 앞서 언급했듯이, 성경 저자의 관점은 곧 하나님의 관점이기 때문입니다. 따라서 바울이 빌레몬에게 한 부탁은 이렇게 이해할 수 있습니다. "하나님의 요청에 순종하여 하나님을 기쁘게 해드리십시오."

사도 바울이 하나님의 감동을 받아 빌레몬에게 요청한 일을 함으로써, 빌레몬은 하나님의 기쁨이 될 수 있습니다. 본문에 나타난 사도 바울과 빌레몬의 모습을 통해, 주님의 기쁨이 되는 성도가 되는 두 가지 길을 살펴보고자 합니다. 주님의 기쁨이 되는 성도는 과연 어떤 성도일까요?

첫째, 하나님의 기준에 옳은 일을 포기하지 않고 행하는 성도입니다

사도 바울은 빌레몬에게 물질적, 심리적 피해를 준 노예 오네시모를 용서하고, 그를 로마로 다시 보내어 자신의 복음 사역을 돕게 하라고 요청합니다. 이 요청은 단순히 바울 개인의 유익이 아니라 하나님 나라의 유익을 위한 것으로, 하나님의 기준에서 옳은 일이었습니다. 그래서 바울은 계속해서 빌레몬에게 요청합니다. 물론 빌레몬을 무례하게 압박하지는 않습니다. 오히려 정중하게 부탁하면서도 하나님이 보시기에 옳은 일이 이루어지도록 끝까지 노력합니다.

이를 확인할 수 있는 구절이 있습니다. 한글성경에서 20절은 "오 형제여"라고 시작되지만, 원문에서는 "그렇습니다, 형제여"로 되어 있습니다. 무엇이 그렇다는 것일까요? 바울은 지금까지 빌레몬에게 요청한 일들을 긍정하며 다시 강조하고 있는 것입니다. 바울의 요청들은 다음과 같습니다. "그를 내게 머물러 있게 하여 내 복음을 위하여 갇힌 중에서 네 대신 나를 섬기게 하라"(13절). "이후로는 종과 같이 대하지 아니하고 종 이상으로 곧 사랑받는 형제로 둘 자라"(16절). "네가 나를 동역자로 알진대 그를 영접하기를 내게 하듯 하라"(17절). 바울은 빌레몬이 하나님 보시기에 옳은 일을 행하도록 끊임없이 설득합니다.

이러한 노력은 21절에서도 드러납니다. 바울은 빌레몬에게 예의를 갖추어 요청했지만, 21절 상반절에서는 자신의 마음을 좀 더 직접적으로 표현합니다. "나는 네가 순종할 것을 확신하므로 네게 썼노니." 바울은 골로새 교회의 지도자인 빌레몬이 교회를 위해, 복음을 위해, 그리고 하나님 나라를 위해 그의 요청을 받아들일 것이라고 확신했습니다. 오네시모를 용서하고, 그를 다시 바울에게 돌려보낼 것이라고 믿었습니다. 바울은 편지의 뒷부분으로 가면서 다소 조바심이 났는지 좀 더 강한 어조로 빌레몬의 순종을 확신한다고 말합니다. 이는 바울이 자신이 요청한 바가 하나님 앞에서 옳은 일이며, 그 일이 하나님 나라에 유익하다고 확신했기 때문입니다. 그래서 그는 포기하지 않고 끝까지 설득하고자 합니다.

사도 바울에게 자신의 체면은 중요하지 않았습니다. 그는 자신을 포함한 모든 그리스도인이 하나님의 기쁨이 되는 데만 관심이 있었습니다. 하나님 나라에 유익이 되고, 하나님께 기쁨이 되며, 복음을 전파하는 일이라면, 바울은 결코 포기하지 않았습니다. 그의 판단 기준은 언제나 하나님의 시각이었습니다.

이는 "그런즉 너희는 먼저 그의 나라와 그의 의를 구하라. 그리하면 이 모든 것을 너희에게 더하시리라"(마 6:33)는 예수님의 말씀과 일맥상통합니다. 사사시대 때처럼 '자기'가 기준이 되어서는 안 됩니다. 사사기 17장 6절에 "그때에는 이스라엘에 왕이 없었으므로 사람마다 자기 소견에 옳은 대로 행하였더라"고 기록된 것처럼, 사사시대는 각자의 판단이 기준이 되던 시대였습니다. 그러나 그리스도인은 자신의 경제적 이익이나 기쁨을 기준으로 일을 판단해서는 안 됩니다. 우리의 기준은 '하나님'이어야 하며, 하나님의 기준에서 옳은 일인지, 하나님 나라에 유익한 일인지 판단하고 행동해야 합니다.

베드로와 요한은 나사렛 예수의 복음을 전하다가 산헤드린 공회에 소환되어 경고와 협박을 받았습니다. 하지만 그들은 자신들이 하는 일의 옳고 그름을 산헤드린의 판단에 맡기지 않았습니다. 그 일의 옳고 그름은 하나님이 판단하셔야 한다고 믿었기에 복음을 전하지 말라는 경고에 이렇게 대답합니다. "하나님 앞에서 너희의 말을 듣는 것이 하나님의 말씀을 듣는 것보다 옳은가 판단하라"(행 4:19). 베드로와 요한의 판단 기준은 그들의 생각이 아니었습니다. 목숨 부지와 안전의 여부도 기준이 아니었습니다. 권력 있는 자들의 명령도 기준이 아니었습니다. 그들의 기준은 오직 하나님과 그분의 말씀이었습니다.

사랑하는 여러분, 우리가 사는 이 시대는 사사시대처럼 각자 자기 소견에 옳은 대로 행하는 것을 미덕으로 여기고 있습니다. "가슴이 시키는 대로 하라"는 조언을 떠받듭니다.[19] 옳고 그름의 기준마저 희미해지고, 사람들은 각자의 생각에 따라 판단합니다. 그러나 우리 그리스도인의 판단과 행동의 기준은 하나님과 그분의 말씀이 되어야 합니다. 말씀을 통해 하나님이 기뻐하시는 일이라는 것을 확증했다면, 우리는 그 일을 포기하지 않고 성취하기 위해 최선을 다해야 합니다.

사도 바울은 빌레몬과 오네시모의 관계 회복이 옳은 일이며, 하나님이 기뻐하시는 일임을 확신했습니다. 그래서 그는 빌레몬이 오네시모를 용서하고 그와의 관계를 회복하도록 권면하는 일을 포기하지 않았습니다. 한번 요청해보고 반응이 없으면 그만두는 식이 아니었습니다. 바울은 최선을 다해 하나님께 기쁨을 드리고자 했습니다. 우리도 일상에서 만나는 많은 일들, 즉 하고 싶은 일, 해야 하는 일, 요청받은 일을 하나님의 기준으로 잘 분별해야 합니다. 하나님 보시기에 옳고 아름답고 가치 있는 일이라는 확신이 든다면, 하나님이 주시는 용기와 의지로 그 일을 포기하지 않고 실행하여 주님을 기쁘시게 해드리기를 바랍니다.

둘째, '순종 너머의 순종'을 행하는 성도입니다

'순종 너머의 순종', '섬김 너머의 섬김'을 행하는 성도가 주님을 기쁘시게 합니다. "나는 네가 순종할 것을 확신하므로 네게 썼노니 네가 내가 말한 것보다 더 행할 줄을 아노라"(21절). 사도 바울은 빌레몬이 단지 부탁에 응할 뿐만 아니라 더 큰 순종을 하길 기대하고 있습니다. 바울은 이제까지 편지에서 하나님 보시기에 옳다고 확신하는 일을 행하도록 권면했습니다. 그런데 여기서는 한 걸음 더 나아가 빌레몬이 그 이상으로 옳은 일을 행할 줄 안다고 말합니다.

지금까지 바울이 요청한 내용은 오네시모를 용서하고, 그를 로마로 보내어 복음 사역을 돕게 하라는 것이었습니다. 그런데 여기서 '내가 말한 것보다 더 행한다'는 것은 무슨 의미일까요? 성경학자들은 바울이 이 요청을 통해 오네시모가 노예 신분에서 해방되기를 바랐을 것이라고 추측합니다. 바울은 오네시모가 자유인으로서 복음 사역에 동참하기를 원했던 것입니다. 바울은 빌레몬이 오네시모를 동역자로 보내주기로 결단할 때, 그를 자유롭게 하여 하나님 나라를 위해 온전히 헌신할 수 있도록 해주기를 은연중에 바랐습니다. 이는 하나님 나라를 섬길 때 지혜롭고 효율적으로 섬김을 실천하여 최대한 유익을 끼치라는 의미입니다.

이러한 바울의 권면은 그리스도인이 섬길 때 어떤 자세를 가져야 하는지 교훈을 줍니다. 그리스도인은 주어진 일만 수행하고, 더 이상의 책임은 나 몰라라하지 않습니다. 오히려 하나님이 맡기신 일에 최선을 다할 뿐만 아니라 그 이상의 일도 하나님 나라에 유익이 된다면, 복음 전도과 영혼 구원에 도움이 된다면 기꺼이 감당합니다.

순종 너머의 순종, 섬김 너머의 섬김은 무리하게 사역을 확장하라는 의미가 아닙니다. 섬김의 범위와 분량을 지나치게 늘려 감당하기 어려워지면 안 됩니다. 나의 능력을 초과하는 사역을 맡아 책임을 다하지 못해서는 안 됩니다. 여기서 말하는 순종 너머의 순종, 섬김 너머의 섬김은 양이 아니라 태도와 질을 말합니다. 주어진 일만 기계적으로 행하는 것이 아니라 순종의 대상에게 기쁨이 되고, 섬김의 대상에게 감동을 주는 태도를 가져야 한다는 것입니다.

사도 바울은 과거의 성취에 만족하여 앞으로 나아가기를 멈추고 싶지 않다고 했습니다. "형제들아, 나는 아직 내가 잡은 줄로 여기지 아니하고 오직 한 일 즉 뒤에 있는 것은 잊어버리고 앞에 있는 것을 잡으려고 푯대를 향하여 그리스도 예수 안에서 하나님이 위에서 부르신 부름의 상을 위하여 달려가노라"(빌 3:13-14). 그는 지금 그리스도인들이 거룩한 욕심을 가져야 한다고 말하고 있습니다. 그리스도에게서 더 많은 것을 얻고, 그리스도를 위해 더 많은 것을 성취하기 위해서는 쉽게 만족하면 안 된다는 것입니다. "한 일 즉 뒤에 있는 것은 잊어버린다"는 말은 주님의 은혜로 성취한 열매들이 무의미하다는 뜻이 아닙니다. 오히려 과거의 성취에 사로잡혀 현재에 안주하거나 미래로 나아가기를 주저하거나 거부하지 않겠다는 뜻입니다.

바울이 빌레몬서에서 "내가 말한 것보다 더 행할 줄 아노라", 빌립보서 3장에서 "아직 내가 잡은 줄로 여기지 아니하겠다", "하나님이 위에서 부르신 부름의 상을 위하여 달려가노라"고 한 말은 모두 같은 맥락입니다. 이는 하나님을 더 기쁘시게 하고, 하나님 나라를 확장하기 위해 내가 할 수 있는 모든 일을 찾아서 섬기겠다는 의미입니다.

그렇다면 빌레몬은 오네시모를 노예 신분에서 해방시켜 주었을까요? 성경의 내용만으로는 이 부분을 명확히 알 수 없습니다. 하지만 빌레몬이 바울의 암시를 이해하고 오네시모를 해방시켜주었을 가능성도 있습니다. 물론 그 시대의 문화와 다른 주인들, 다른 노예들과의 관계를 고려할 때, 마음이 있어도 실행하기 쉽지 않았을 수도 있습니다. 법적인 해방은 아니더라도 빌레몬은 분명 오네시모를 자유인처럼 대하고, 그가 자유롭게 바울을 섬길 수 있도록 도왔을 것입니다. 바울의 요청에 순종하는 데서 그치지 않고, 순종 너머의 순종을 실천하기 위해 최선을 다했을 것입니다.[20]

사랑하는 여러분, 사도 바울이 강조한 핵심은 순종 너머의 순종, 섬김 너머의 섬김을 실천하라는 당부입니다. 많은 성도들이 교회 사역에 참여하고 있습니다. 목장을 섬기고, 예배 사역을 돕고, 선교와 교육 부서, 찬양대 등에서 헌신합니다. 이는 매우 귀하고 감사한 일입니다. 그런데 우리는 이러한 사역들을 어떤 자세로 감당하고 있습니까? '하나님, 이 정도면 충분하지 않나요?'라고 생각하고 있지는 않습니까? 한 가지 기억해야 할 점은, 우리에게 베풀어주신 하나님의 구원과 은혜는 우리가 아무리 섬긴다 해도 다 갚을 수 없다는 사실입니다. 하나님의 은혜를 갚겠다는 생각은 마치 돌을 던져 태평양을 다 메우겠다는 것과 같습니다.

이 점에 동의한다면, 하나님의 부르심에 적극적으로 응하기를 바랍니다. 섬길 수 있는 기회, 순종할 수 있는 기회가 주어진 것에 감사하며, 주님을 기쁘시게 하는 길로 나아가십시오. 문자적이고 기계적인 순종을 넘어, 하나님의 기쁨이 되기 위해 어떻게 순종하고 섬길 수 있을지 고민하고 마음을 다해 실천하기를 바랍니다.

주님의 기쁨이 되는 성도입니까?

주님의 기쁨이 되는 성도가 되기를 원하십니까? 에베소서 5장 10절은 "그러므로 여러분은 주님을 기쁘시게 할 일이 무엇인지 살펴보십시오"(현대인의성경)라고 당부합니다. 여러분의 마음 깊은 곳에서 진심으로 주님을 기쁘시게 하려는 열망이 차오르고 있습니까? 어떤 분은 그렇다고 대답할 것이고, 또 어떤 분은 잘 모르겠다고 대답할 수 있습니다. 그러나 분명한 점은, 우리가 주님의 기쁨이 되어야 한다는 것입니다. 하나님은 우리 인간을 통해 기쁨을 얻기 위해 우리를 창조하시고 구원하셨기 때문입니다.

누군가 다그친다고 모두가 주님을 기쁘시게 하는 삶을 살 수 있는 것은 아닙니다. 그런 삶을 살기 위해서는 우리 안에 하나님의 은혜에 대한 감사가 있어야 합니다. 주님을 기쁘시게 하라는 강요는 율법적이며, 율법은 사람을 진정으로 변화시키지 못합니다. 복음이 사람을 변화시킵니다. 복음은 우리로 하여금 마지못해서가 아니라 기쁜 마음으로 움직이게 합니다.

한 불량 청소년이 있었습니다. 그는 더벅머리에 씻지도 않고 제멋대로 행동하여 부모와 교사를 속썩이던 아이였습니다. 부모의 훈육도, 교사의 처벌도 그를 변화시키지 못했습니다. 그러던 어느 날, 그 소년은 한 여학생을 좋아하게 되었습니다. 그때부터 소년은 스스로 머리를 깎고 옷을 단정하게 입기 시작했습니다. 여학생이 담배 냄새를 싫어한다는 것을 안 후로는, 담배도 끊고 공부를 시작했습니다. 얼마나 놀라운 변화입니까? 이것이 바로 사랑의 힘입니다.

사랑하는 여러분, 주님이 우리를 위해 행하신 일을 깨닫고, 주님이 우리를 얼마나 사랑하시는지 느낄 때, 복음을 통해 은혜를 받을 때, 우리는 주님을 진정으로 사랑하게 됩니다. 그때 우리는 주님의 기쁨이 되고 싶다는 소망을 가지게 됩니다. 우리의 마음을 채운 은혜가 연료가 되어 하나님을 기쁘시게 하는 사역 엔진을 힘차게 작동시킵니다.

   복음이 주는 은혜로 주님의 기쁨이 되는 삶을 살아가기를 바랍니다. 그러기 위해서는 바른 복음을 믿어야 합니다. 자신의 아들을 아낌없이 내어주신 하나님이 그 아들과 더불어 우리의 모든 필요를 채우실 것을 믿으십시오. 하나님의 자녀들에게 일어나는 모든 일이 합력하여 선을 이룬다는 것을 믿으십시오. 지금 내가 나 된 것은 나의 노력이나 공로가 아니라 오로지 하나님의 은혜로 되었음을 믿고 고백하십시오. 주님의 기쁨이 되길 원하는 거룩한 갈망을 품고 주님 보시기에 옳은 일을 포기하지 않고 행하며, 주님이 부탁하신 바에 순종 너머 순종으로 응답하는 성도들이 되기를 주님의 이름으로 축원합니다.

O 오늘의 묵상

1. 일상에서 하나님의 기준에 따라 옳다고 여기는 일을 포기하지 않고 실행한 적이 있나요? 그 과정에서 어떤 도전이나 배움을 얻었나요?
2. 작은 일이라도 누군가를 도울 때, 단순한 의무나 요청을 넘어 적극적으로 섬겨본 경험이 있나요? 있다면, 혹은 없다면 그 이유는 무엇인가요?
3. 나의 태도와 행동의 기준은 무엇인가요? 하나님의 은혜와 사랑을 깨달은 후, 그 기준이 어떻게 변화되었는지 이야기해보세요.

O 오늘의 기도

하나님 아버지, 하나님은 우리가 가장 원하는 것이 아니라 우리에게 가장 좋은 것을 주시는 분입니다. 그래서 예수님을 보내주시고, 그분을 통해 영원한 생명을 허락해주셨습니다. 이 놀라운 선물을 받은 우리가 주님의 기쁨이 되는 삶을 살아야 한다고 믿습니다. 성부 하나님의 사랑과 성자 예수님의 은혜, 성령 하나님의 은총이 우리의 삶을 덮어 감사와 감격으로 주님을 기쁘시게 하는 길로 걸어가기를 소망합니다. 우리의 기준을 내려놓고 주님을 사랑하고 주님의 뜻을 이루며 온전한 순종하도록 도와주십시오. 베푸신 모든 은혜에 감사드리며 우리 주 예수님의 이름으로 기도합니다. 아멘.

9
"나를 위하여 숙소를 마련하라"

빌레몬서 22절
오직 너는 나를 위하여 숙소를 마련하라 너희 기도로
내가 너희에게 나아갈 수 있기를 바라노라.

앞서 사도 바울은 도망친 노예 오네시모를 용서하고, 더 나아가 그를 그리스도 안에서 형제로 받아들이라고 간곡히 요청했습니다. 그뿐만 아니라 오네시모를 노예 신분에서 해방시켜주길 바라는 마음도 간접적으로 표현했습니다.

그런데 22절에서 바울은 다소 뜻밖의 부탁을 하나 더 합니다. "오직 너는 나를 위하여 숙소를 마련하라. 너희 기도로 내가 너희에게 나아갈 수 있기를 바라노라." 여기서 '마련하다', '준비하다'라는 동사가 명령형으로 사용되었습니다. 바울이 빌레몬에게 강하게 요청할 때 쓰이는 명령형 동사는 편지에서 네 번 등장합니다.

첫 번째 명령형 동사는 17절의 '영접하라'입니다. 이를 풀어서 말하면 "나 바울을 영접하듯 오네시모를 영접하라"는 뜻입니다. 두 번째 동사는 18절의 '계산하라'입니다. "오네시모가 네게 빚진 것이 있으면 그것을 나 바울에게 계산하라"는 의미입니다. 세 번째 동사는 20절의 '평안을 얻게 하라'로, "나 바울의 마음이 그리스도 안에서 평안을 얻게 하라"는 부탁입니다. 네 번째 동사는 22절의 '마련하라'로, "나를 위하여 숙소를 마련하라"는 요청입니다.

앞의 세 가지 명령은 무슨 뜻인지 이해됩니다. 첫 번째는 오네시모가 사죄하고 화해를 요청하며 돌아갈 때 그를 받아들이라는 뜻입니다. 두 번째는 오네시모의 잘못을 바울 자신이 떠안겠다는 의미입니다. 세 번째는 빌레몬이 부탁을 들어주어 바울 자신의 마음에 기쁨과 평안을 달라는 요청입니다. 그런데 네 번째 명령은 다소 뜬금없이 느껴집니다. 감옥에 있는 사람이 갑자기 숙소를 마련해달라니요.

이 장에서는 "숙소를 마련하라"는 사도 바울의 마지막 명령형 동사에 담긴 세 가지 의미를 살펴보려 합니다. 하나님이 로마 감옥에 있던 사도 바울에게 성령의 영감으로 기록하게 하신 이 말씀을 통해, 세상에서 하나님을 섬기다가 고난을 겪는 성도가 어떤 태도로 하나님과 사람 앞에 서야 하는지 깨닫고 확신하게 되기를 바랍니다. 바울이 빌레몬에게 숙소를 준비해달라고 요청한 이유는 무엇일까요? 그는 왜 이런 부탁을 한 것일까요?

첫째, 석방에 대한 기도 응답을 믿었기 때문입니다

사도 바울이 빌레몬에게 숙소를 마련해달라고 요청한 첫 번째 이유는, 자신의 석방을 위한 기도가 응답될 것임을 믿었기 때문입니다. 당시 바울은 가택연금되어 있었지만 성도들이 자신을 위해 기도하고 있음을 알았습니다. 또한 하나님이 그 기도를 들으시고 자신을 곧 석방시키실 것이라고 믿었습니다.

22절 후반부에서 그는 "너희 기도로 내가 너희에게 나아갈 수 있기를 바라노라"고 썼습니다. 여기서 "너희에게 나아갈 수 있기를"이라는 구절에 헬라어 '카리스떼소마이'(χαρισθήσομαι)가 사용되었습니다. 이를 직역하면 "내가 너희에게 선물(카리스, χαρις)로 주어질 것이다", 혹은 "내가 너희에게 은혜로 주어질 것이다"라는 뜻입니다. 바울은 자신이 감옥에서 풀려나 골로새 교회 성도들 앞에 선물처럼 나타날 그날을 기대하며 믿었던 것입니다.

바울은 성도들의 기도를 통해 이러한 일이 실제로 일어날 것이라고 믿었습니다. 그는 "너희 기도로"라는 표현을 사용했는데, 이는 골로새 교회 성도들이 기도할 때 하나님이 역사하시고, 그 결과 바울이 석방되어 골로새 성도들에게 은혜의 선물처럼 주어질 것이라는 의미입니다. 바울은 기도의 힘을 굳게 믿으며 재회의 날이 멀지 않았다고 확신했습니다. 그래서 자신이 골로새를 방문하게 될 때를 대비하여 숙소를 마련하라고 요청한 것입니다.

당시 바울은 로마에서 셋집에 구금된 채 재판을 기다리고 있습니다. 셋집에 구금되어 있다고 해서 그의 죄목이 가벼웠다고 보면 안 됩니다. 그는 다만 로마 시민권자로서 일반 감옥이 아니라 주택에 연금되었을 뿐입니다. 그의 죄목은 반란죄로, 결코 가볍지 않았습니다. 이스라엘에서 로마 정권에 위협이 된다는 혐의로 유대인 종교 지도자들에게 고발된 바울은, 재판 결과에 따라 석방될 가능성도 있었지만, 징역형이나 최악의 경우에는 사형에 처해질 수도 있는 상황이었습니다.

그럼에도 불구하고 본문에서 바울은 자신의 석방과 골로새 교회 성도들과의 만남을 꿈꾸고 있습니다. 그는 빌레몬이 준비한 숙소에서 성도들과 교제하며 지내는 그날을 기대했습니다. 이러한 확신의 근거는 무엇일까요? 그것은 바로 바울 자신을 위해 간절히 중보기도하는 성도들의 마음을 하나님이 받아주실 것이라는 믿음이었습니다.

사도 바울은 실제로 석방되어 골로새 교회를 찾아가 그곳의 성도들을 만났을까요? 성경을 종합적으로 보면, 그랬을 가능성이 높습니다. 성경학자 윌리엄 헨드릭슨은 디모데전서와 디도서의 몇 구절을 분석하여, 바울이 로마에서 재판 후 석방되어 크레타 섬을 포함해 지중해 동쪽 지역에서 말년의 선교 사역을 했다고 주장합니다(딤전 1:3, 딛 1:5, 3:12). 성경에는 바울이 골로새를 방문했다는 명시적 기록은 없지만, 다양한 본문을 종합해 보면, 그가 말년에 빌레몬이 제공한 숙소에 머물며 빌레몬과 골로새 교회 성도들을 가르치고 그들과 교제했다고 추정할 수 있습니다.

바울은 로마 감옥에서 석방될 날이 가까워졌다고 믿었

고, 성도들의 기도가 이 일을 가능하게 할 것이라고 확신했습니다. 바울은 다른 서신들에서도 중보기도의 중요성을 강조했습니다. 예를 들어, "너희도 우리를 위하여 간구함으로 도우라"(고후 1:11)는 구절에서 물질보다 기도의 힘을 더 믿었던 그의 신앙을 볼 수 있습니다. 그는 능력 많은 하나님이 움직이시면 불가능한 일이 없다고 믿었습니다.

사랑하는 여러분, 바울처럼 기도의 능력을 믿고 하나님의 놀라운 역사를 경험하기를 바랍니다. 기도는 하나님의 능력을 우리에게 끌어오는 파이프와 같습니다. 기도를 통해 우리는 주님의 역사를 체험하고, 그로 인해 하나님의 놀라운 일들을 간증할 수 있습니다.

둘째, 빌레몬의 영적 성장을 확인하고 싶었기 때문입니다

사도 바울이 숙소를 마련하라고 요청한 두 번째 이유는, 빌레몬이 자신의 요청에 순종했는지 직접 확인하고 싶었기 때문입니다. 바울은 빌레몬의 영적 성장을 두 눈으로 보고 싶은 마음이 있었을 것입니다. 앞서 살펴보았듯이 사도 바울은 '카리스뗴소마이', 즉 자신이 골로새 성도들에게 선물로 주어질 날이 올 것이라고 믿었습니다. 그는 하나님이 은혜를 베푸신다면, 자신이 감옥에서 나와 골로새를 방문하여 오랜 믿음의 동역자인 빌레몬은 물론이고, 골로새 교회의 다른 성도들도 모두 만날 수 있으리라고 기대했습니다.

사도 바울이 골로새 교회를 방문하려 했던 이유는 단순히 친교를 위한 것이 아니었습니다. 그는 자신이 편지에서 권면한 내용이 실제로 어떻게 실천되었는지 확인하고 싶었을 것입니다. 빌레몬이 예수 그리스도께 용서받았음을 진정으로 깨닫고 확신했다면, 그 사랑에 응답하여 오네시모를 용서하고 그리스도 안에서 형제로 받아들였을 것입니다.

빌레몬의 반응을 확인하고 싶어 하는 바울의 마음이 권위주의나 꼰대 행각으로 비칠 수 있지만, 그것은 그가 영적으로 양육한 성도에 대한 깊은 사랑과 관심의 표현이었습니다. 내가 복음을 전했고, 성경을 가르쳤고, 기도하며 양육한 사람이 영적으로 얼마나 성장했는지 관심을 갖는 것은 당연합니다. 빌레몬서를 읽으면 바울이 오네시모에게만 관심과 사랑을 가지고 있는 것처럼 보일 수 있지만, 그에 못지않게 빌레몬에게도 관심과 사랑을 가지고 있었습니다. 그는 오네시모가 자유를 얻어 복음 사역자가 되기를 원했을 뿐만 아니라, 빌레몬이 복음이 주는 자유와 해방을 선포하는 예수님의 참된 제자가 되기를 바랐습니다.

하나님은 성도가 계속해서 영적으로 진보하기를 원하십니다. 베드로 사도는 "오직 우리 주 곧 구주 예수 그리스도의 은혜와 그를 아는 지식에서 자라 가라. 영광이 이제와 영원한 날까지 그에게 있을지어다"(벧후 3:18)라고 말했습니다. 성도는 자신의 은혜와 지식의 성장을 추구할 뿐만 아니라 다른 성도의 영적 성장에도 관심을 기울여야 합니다. 바울이 로마 감옥에서 나와 골로새를 방문하고자 했던 것도 다른 성도들의 영적 성장을 돕고 기뻐하는 마음에서 비롯되었다고 할 수 있습니다. 빌립보서 1장 25절에서도 바울의 그런 자세를 찾아볼 수 있습니다. "내가 살 것과 너희 믿음의 진보와 기쁨을 위하여 너희 무리와 함께 거할 이것을 확실히 아노니."

예수님이 이 땅에 오신 이유가 사람을 사랑하시기 때문임을 기억하십시오. 요한복음 13장 1절은 예수님이 세상을 떠나는 마지막 시간까지 사람들을 사랑하셨다고 전합니다. "유월절 전에 예수께서 자기가 세상을 떠나 아버지께로 돌아가실 때가 이른 줄 아시고 세상에 있는 자기 사람들을 사랑하시되 끝까지 사랑하시니라." 우리도 지체들에 대한 사랑을 그들의 영적 성장에 대한 관심으로 표현해야 합니다. 교회 내 다른 지체가 영적으로 건강하게 성장하는 것은 나의 영적 성장과 교회 전체의 영적 성장으로 이어집니다. 사도 바울처럼 다른 지체들의 영적 성장을 소원하고 격려하며 지켜보는 사랑의 사람이 되기를 바랍니다. 나의 자녀, 배우자, 목장 식구, 동역자, 전도 대상자가 예수님의 은혜를 받고 있는지, 예수님에 대한 믿음과 지식이 자라가고 있는지 관심을 가지고 기도하며 섬기기를 소원합니다.

셋째, 하나님 나라를 더 섬기려는 소망을 품었기 때문입니다

사도 바울이 숙소를 준비하라고 요청한 세 번째 이유는, 자신이 여전히 하나님 나라를 위해 할 일이 남아 있다는 소망을 품고 있었기 때문입니다. 그는 감옥에 갇혀 있었지만, 여전히 하나님이 그를 감옥에서 구해내어 골로새 교회로 보내실 것이라는 소망을 가졌습니다. 이 소망이 있기에 바울은 감옥 안에서 자포자기하지 않았고, 석방 후 하나님이 맡기신 일을 계속 감당할 날을 기다렸습니다.

로마서 8장 24절은 소망의 본질을 설명합니다. "우리가 소망으로 구원을 얻었으매 보이는 소망이 소망이 아니니 보는 것을 누가 바라리요." 눈앞에 보이는 것, 즉 현재 상황에서 당장 볼 수 있는 것을 기대하는 것은 소망이 아닙니다. 진정한 소망은 눈에 보이지 않는 것, 불가능해 보이는 것을 바라는 것입니다. 믿을 수 없는 일의 성취를 미리 바라볼 수 있는 종말론적 힘이 바로 소망입니다.

소망은 단순히 긍정적인 마음가짐이나 자기암시가 아닙니다. 소망은 하나님이 주신 능력과 약속을 믿으며 기쁨과 평안 속에서 미래를 바라보는 것입니다. 로마서 15장 13절은 "소망의 하나님이 모든 기쁨과 평강을 믿음 안에서 너희에게 충만하게 하사 성령의 능력으로 소망이 넘치게 하시기를 원하노라"라고 말합니다. 성령 하나님의 능력을 믿을 때, 우리는 상황을 뛰어넘을 수 있습니다. 비관적인 상황 '때문에' 하나님 나라를 위한 헌신을 포기하지 않습니다. 오히려 비관적인 상황에도 '불구하고' 하나님 나라를 위해 계속 헌신하고자 하는 소망을 품게 됩니다.

사랑하는 여러분, 상황이 낙관적이든 비관적이든 하나님이 모든 것을 주관하심을 믿으며 미래에 대한 소망을 간직

하기를 바랍니다. 평생 동안 주님의 도구로 쓰임 받기를 소망하며 살아가십시오. 우리 그리스도인들이 세상에 특별히 보여주어야 할 모습 중 하나가 바로 소망입니다. 오늘날 많은 사람들이 소망을 잃고 절망과 낙담, 분노, 무기력 속에서 살아가고 있습니다. 이러한 세상 속에서 우리는 비관적인 상황을 넘어 하나님과 하나님 나라를 기쁨으로 섬기며 소망을 품고 살아가는 모습을 보여주어야 합니다. 우리의 삶이 불신자들에게 도전이 되고 귀감이 되어 하나님께 영광을 돌리게 되기를 바랍니다.

예수님처럼 바울처럼 믿음, 소망, 사랑으로

지금까지 사도 바울이 빌레몬에게 "나를 위하여 숙소를 마련하라"고 요청한 세 가지 이유를 살펴보았습니다. 첫째, 하나님이 기도에 응답하실 것을 믿었기 때문입니다. 둘째, 빌레몬의 영적 성장을 보고 싶었기 때문입니다. 셋째, 하나님 나라를 더 섬기려는 소망을 품었기 때문입니다. 이 세 가지 이유는 기독교 신앙에서 강조하는 세 가지 덕목인 믿음, 소망, 사랑을 드러냅니다. 사도 바울은 성경 곳곳에서 신자가

이 땅에서 살아가며 가져야 할 덕목을 믿음, 소망, 사랑으로 요약했습니다. "그런즉 믿음, 소망, 사랑, 이 세 가지는 항상 있을 것인데 그중의 제일은 사랑이라"(고전 13:13). "너희의 믿음의 역사와 사랑의 수고와 우리 주 예수 그리스도에 대한 소망의 인내를 우리 하나님 아버지 앞에서 끊임없이 기억함이니"(살전 1:3).

믿음과 소망과 사랑의 구체적인 의미는 본문마다 다소 차이가 나지만, 성경은 일관되게 이 세 가지를 '이 땅에서 예수 그리스도를 위해 고난을 겪으며 사는 신자가 지녀야 할 덕목'이라고 말합니다. 사실 믿음과 소망과 사랑은 바울뿐만 아니라 예수님이 이 땅에서 보여주신 모습이기도 합니다. 예수님은 하나님 아버지를 온전히 신뢰하는 믿음을 보여주셨습니다. 예수님은 십자가의 죽음을 향해 나아가셨지만 부활의 소망을 가지고 계셨습니다. 예수님은 연약하고 부족한 제자들을 사랑하시되 끝까지 사랑하셨습니다. 예수님은 제자인 우리가 따라야 할 신앙인의 자세를 믿음, 소망, 사랑으로 보여주셨습니다.

사랑하는 여러분, 그리스도를 위해 살다보면 그분을 대적하는 세상 속에서 유혹과 핍박과 고난을 만나게 됩니다.

여러분은 어떤 고난 가운데 있습니까? 어떤 상황에 처했든지 예수님처럼, 바울처럼 믿음, 소망, 사랑으로 이 땅을 살아가기를 바랍니다. 고난 속에서 기도할 때 응답하시는 선한 하나님을 믿고, 하나님이 우리 옆에 두신 사람들을 끝까지 사랑하며, 주님이 보여주시는 미래에 대한 소망을 품고 살아가는 모든 성도가 되기를 주님의 이름으로 축원합니다.

○ 오늘의 묵상

1. 어려운 상황 속에서 기도할 때, 하나님이 기도에 응답하실 것을 믿나요? 가장 기억에 남는 기도 응답을 이야기해보세요.
2. 다른 사람의 영적 성장에 관심과 사랑을 기울이고 있나요? 또한, 나의 영적 성장을 위해 다른 사람의 도움을 받은 적이 있다면 나누어 보세요.
3. 현재의 고난 속에서도 하나님이 나를 통해 일하실 것이라는 소망이 있나요? 그 소망을 이루기 위한 구체적인 행동에 무엇이 있을까요?
4. 나의 일상에서 믿음, 소망, 사랑은 구체적으로 어떻게 나타나고 있나요? 더욱 강화하고 싶은 부분은 무엇인가요?

○ 오늘의 기도

하나님 아버지, 본문에서 사도 바울의 마지막 요청인 "나를 위하여 숙소를 마련하라"는 말씀을 통해 그의 믿음과 소망, 사랑의 태도를 묵상합니다. 감옥에 갇히고 목숨이 위태로운 상황에서도 비관하거나 절망하지 않고, 하나님의 응답을 신뢰했던 바울을 본받기 원합니다. 또한 동역자들의 영적 성장을 돌보고 사랑을 나눈 바울처럼 살기 원합니다. 인생의 날 동안 끝까지 하나님 나라를 위해 쓰임 받기를 소망합니다. 변하는 세상 속에서도 변치 않는 하나님 나라와 진리를 붙들며, 굳센 믿음과 큰 소망, 깊은 사랑으로 맡겨진 사명을 감당할 때, 주님이 주시는 평안과 행복을 누리게 해주십시오. 살아 계셔서 역사하시는 우리 주 예수님 이름으로 기도합니다. 아멘.

10
바울의 다섯 동역자들

빌레몬서 23-24절
²³ 그리스도 예수 안에서 나와 함께 갇힌 자 에바브라와 ²⁴ 또한 나의 동역자 마가, 아리스다고, 데마, 누가가 문안하느니라.

빌레몬서의 결론 부분입니다. 바울은 편지를 마무리하며 동역자들의 이름을 자주 언급합니다. 이는 이 편지뿐만 아니라 바울의 대부분의 편지에서도 볼 수 있는 특징으로, 수신자와 그의 교회에 보내는 동역자들의 인사로 편지를 끝맺는 경우가 많습니다. 본문에 등장하는 바울의 다섯 동역자들의 모습을 살펴보며, 바울이 어떤 유형의 성도들과 함께 복음 사역을 수행했는지 알아보겠습니다. 바울의 동역자들이 보인 바람직한 모습과 그렇지 못한 모습을 통해 우리는 동역자들을 어떻게 대하고, 어떤 동역자가 될지 깊이 묵상하고 깨닫기를 바랍니다. 바울의 다섯 동역자들은 어떤 사람들이었을까요?

첫 번째 동역자는 '복음 전파자' 에바브라입니다

"그리스도 예수 안에서 나와 함께 갇힌 자 에바브라와"(23절). 저는 에바브라에게 '복음 전파자'라는 별명을 붙였습니다. 그는 바울과 함께 있든, 홀로 있든, 가까운 곳에서든, 먼 곳에서든 늘 복음 전파에 헌신한 사람이었기 때문입니다.

에바브라는 바울이 에베소에서 사역할 때 복음을 듣고 그리스도인이 되었습니다. 이후 그는 바울의 파송을 받아 고향인 골로새로 돌아가 복음을 전하고 교회를 세우는 데 힘썼습니다. 교회가 안정될 때까지 최선을 다했으며, 거짓 교사들이 나타나 골로새 교회를 어지럽힐 때도 바울에게 자문을 구하여 문제를 해결했습니다. 에바브라는 고향 사람들과 가까운 이들에게 복음을 전하는 데 큰 사명감을 가지고 있었습니다.

고향에서 복음을 전하고 교회를 세우기란 결코 쉬운 일

이 아니었을 것입니다. 예수님도 누가복음 4장 24절에서 "선지자가 고향에서는 환영을 받는 자가 없느니라"고 말씀하셨습니다. 나의 어린 시절을 알고 있는 친구들이나 나의 장단점을 훤히 아는 가족들에게 복음을 전하기는 쉽지 않을 수 있습니다. 그러나 에바브라는 복음을 듣고 그리스도인이 되고 나서 가장 먼저 고향과 친척, 친구들에게 달려갔습니다. 복음을 전하기에 껄끄러운 대상일 수 있지만, 그들이 복음을 들어야 할 소중한 사람들임을 잘 알았기 때문입니다.

에바브라는 고향뿐만 아니라 라오디게아와 히에라볼리 같은 낯선 도시에 가서도 복음을 전파했습니다. 심지어 고향에서 아주 멀리 떨어진 로마에 가서 사도 바울의 복음 사역을 돕기도 했습니다. 23절에서 바울은 에바브라를 "그리스도 예수 안에서 나와 함께 갇힌 자"라고 부릅니다. 에바브라는 '바울과 함께' 복음 전파 사역을 하다가 로마 제국의 핍박과 처벌을 받아 '바울과 함께' 감옥에 갇히게 되었습니다. 이처럼 그는 고향에서든 타지에서든 복음 전파에 헌신했습니다.

예수님도 고향에서든 타지에서든 복음 전파에 헌신하셨

습니다. 예수님은 고향 나사렛으로 가 복음을 전하셨습니다. 고향 사람들이 예수님께 편견을 가지고 있어 큰 환대를 받지 못했지만, 그럼에도 불구하고 예수님은 고향 사람들과 가족들에게 복음을 전하셨습니다. 그 결과, 어머니와 형제들이 예수님을 믿고 그리스도인이 되었습니다. 가족 전도는 가장 어렵고 부담스러울 수 있지만 그만큼 가치 있는 일입니다. 또한 예수님은 고향을 떠나 이스라엘 전역을 다니며 복음을 전하셨습니다. 갈릴리 마을 곳곳은 물론 이스라엘의 수도 예루살렘과 혼혈인의 땅 사마리아에 가서도 복음을 전하셨습니다. 익히 아는 사람들이든 낯선 사람들이든 모두 복음이 필요하기에 예수님은 모두에게 가서 생명의 복음을 전하셨습니다.

에바브라처럼, 예수님처럼 우리 주변의 익숙한 사람들에게, 그리고 멀리 있는 낯선 사람들에게도 복음을 전하십시오. 우리의 복음 전파가 이러한 균형을 이루기를 바랍니다. 일상 속 이웃 전도와 국내외 선교 후원의 두 날개로 복음 전파의 비행에 성공하는 우리가 되기를 소망합니다.

두 번째 동역자는 '고난 동행자' 아리스다고입니다

"또한 나의 동역자 마가, 아리스다고, 데마, 누가가 문안하느니라"(24절). 아리스다고에게 '고난 동행자'라는 별명을 붙여 보았습니다. 아리스다고는 바울이 고난당할 때 함께하며, 때로는 바울 대신 고난을 겪기도 했기 때문입니다.

아리스다고는 데살로니가 출신의 디아스포라 유대인입니다. 그는 데살로니가에서 바울에게 복음을 듣고 회심했습니다. 사도행전 19장을 보면, 아리스다고는 그리스도인이 된 후 바울의 3차 선교여행에 동참하여 에베소에서 복음을 전했습니다. 그곳에서 우상을 숭배하던 많은 사람들이 예수님을 믿게 되면서 은으로 만든 작은 우상 조형물의 판매가 줄어들었습니다. 이에 반발한 은세공업자들이 데메드리오를 중심으로 폭동을 일으켰습니다. 이때 아리스다고와 가이오가 복음 전파자들을 색출하던 폭도들에게 붙잡혀 연극장으로 끌려가 봉변을 당했습니다.

또한 아리스다고는 바울이 고린도에서 마게도냐를 거쳐 드로아로 갈 때도 선교팀에 동참했습니다(행 20:4). 바울이 네로 황제에게 상소하여 미결수 신분으로 로마로 이송

될 때도 누가와 함께 바울을 수행하며 그의 곁을 지켰습니다(행 27:2). 로마에 도착한 후에도 아리스다고는 에바브라와 함께 바울을 섬기기 위해 자발적으로 가택연금을 당했습니다(골 4:10). 바울이 복음을 전하며 고난을 당할 때 그의 곁을 지킨 동역자들이 있었는데, 그중 가장 두드러진 인물이 바로 아리스다고입니다.

바울이 복음을 위해 고난을 당할 때, 감사하게도 그의 곁에는 동역자들이 있었습니다. 그러나 예수님은 우리를 위해 고난을 당하실 때, 곁에 아무도 없었습니다. 예수님은 모든 고난을 홀로 감당하셨습니다. 예수님이 성전 호위병과 로마 군인에게 체포되실 때, 제자들은 모두 도망쳤습니다. 그 후 제자 요한만이 예수님의 어머니 마리아를 모시고 십자가 아래로 찾아왔을 뿐입니다. 예수님은 우리를 하나님 곁에 있게 하기 위해 외로움과 고난을 감당하셨습니다. 이제 우리는 그 은혜를 기억하며 우리의 동역자들을 외롭게 두어서는 안 됩니다.

고난으로 인해 아파하고 눈물 흘리는 동역자들의 곁을 지키는 '고난 동행자'가 됩시다. 때로는 고난 자체보다 고난 속에서 느끼는 외로움이 더 큰 적이 될 수 있습니다. 고통과 고난은 견디기 어렵지만 사랑하는 가족, 친구, 성도가 옆에 있어주고, 중보기도를 하고 있음을 느낄 때, '함께 맞선다'는 마음이 들면서 큰 위로와 힘을 얻습니다. 반면, 곁에 아무도 없을 때는 같은 고통이라도 더욱 크게 느껴지기 마련입니다. 고난을 겪는 지체의 곁을 지켜주고, 함께 눈물 흘리며 위로하는 '고난 동행자'가 되기를 바랍니다. 어떤 고난을 만나더라도 함께하는 이들로부터 위로와 격려를 받아 승리하는 성도가 되기를 간절히 바랍니다.

세 번째 동역자는 '과오 극복자' 마가입니다

"또한 나의 동역자 마가, 아리스다고, 데마, 누가가 문안하느니라"(24절). 마가에게는 '과오 극복자'라는 별명을 붙여보았습니다. 그는 자신의 잘못을 회개하고, 주변 사람들의 신뢰를 회복하며, 지난날의 과오를 극복했기 때문입니다.

마가 요한은 예루살렘 출신으로 마리아라는 여성의 아들이었습니다. 그의 이름은 헬라식 이름인 '마가'와 히브리식 이름인 '요한'으로 이루어져 있습니다. 마가는 예수님이 최후의 만찬을 가지셨고, 오순절 성령 강림 사건이 일어난 장소로 알려진 '마가의 다락방'의 주인이기도 합니다. 그의 부모는 120명을 수용할 수 있는 큰 집을 소유하고 있었고, 마가는 온실 속에서 곱게 자란 부잣집 도련님 같은 인물이었을 것입니다.

바나바의 사촌 혹은 조카였던 그는 젊은 패기를 믿고 바울과 바나바의 1차 선교여행에 합류했습니다. 그러나 끈기가 부족했는지 결국 선교 사역을 중도에 포기하고 예루살렘으로 돌아갔습니다. 이 일로 바울은 크게 실망하며, 마가에 대한 신뢰를 잃었습니다. 그래서 2차 선교여행 때, 마가가 반성하고 다시 돌아오겠다고 하니 받아주자는 바나바의 제안을 거절했습니다. 결국 바울과 바나바는 서로 다른 길을 가게 되었고, 마가는 바나바를 따라 구브로(키프로스)로 가서 선교 사역을 이어갔습니다.

감사하게도 시간이 지나면서 마가는 자신의 부족함을 극복하고, 사도들의 인정을 받는 사역자로 성장했습니다. 베드로전서 5장 13절에서 사도 베드로는 마가를 "내 아들"이라고 부를 정도로 그와 친밀한 관계를 가졌습니다. 바울도 다시 마가를 신뢰하게 되었습니다. 바울은 말년에 디모데에게 보내는 편지에서 "네가 올 때에 마가를 데리고 오

라. 그가 나의 일에 유익하니라"(딤후 4:11)고 말하며, 마가에 대해 '유익하다'(유크레스토스, εὔχρηστος)라는 표현을 사용했습니다. 한때 마가를 무능하고 책임감 없다고 여겨 선교에 함께할 수 없다며 거절했던 바울이 아닙니까? 심지어 바나바와 갈라설 정도로 마가에 대해 부정적인 평가를 내렸던 그가 나중에는 마가를 기꺼이 동역자로 받아들였던 것입니다.

마가는 하나님의 은혜를 경험하고 사역을 통해 성숙해지면서 과오를 극복하고자 최선을 다했습니다. 마침내 바울은 기꺼이 마가를 동역자 명단에 포함시켰고, 말년에는 "마가가 보고 싶다. 마가를 데리고 오라. 그는 사역에서 나를 위로하고 격려하는 너무나 유익한 사람이다"라고 말할 정도로 그에 대한 마음이 변화되었습니다.

사랑하는 여러분, 과오를 저질렀다고 절망하고 포기하지 마십시오. 한 번 부정적인 평가를 받았더라도 평판은 회복할 수 있으며, 과오도 극복할 수 있습니다. 실수하지 않는 사람이 어디 있습니까? 처음부터 성숙한 사람이 어디 있습니까? 열두 제자 중 가룟 유다는 예수님을 팔아넘기는 과오를 저지른 후, 잘못을 만회하려는 시도조차 포기해버렸습니다.

반면, 베드로는 예수님을 세 번이나 부인하는 잘못을 저질렀지만, 하나님의 은혜를 붙잡고 회개하며 다시 일어섰습니다. 예수님은 갈릴리 바다에서 물고기를 잡고 있던 베드로를 찾아가 세 번 "나를 사랑하느냐?"라고 물으시며, 베드로의 쓰디쓴 배신의 기억을 치유해주셨습니다. 또한 불 앞에서 생선을 구워 먹으며 "괜찮다, 용서한다"는 메시지를 전해주셨습니다. 그 과정에서 베드로는 예수님의 용서를 받고, 관계를 회복하며, 자신의 과오를 극복했습니다.

어두운 과거에 사로잡혀 있지 말고, 마가처럼 주님의 은혜를 붙잡고 회개와 갱신을 통해 밝은 미래로 나아가기를 바랍니다. 또한 과거에 실수와 잘못을 행한 지체들의 어두움을 가려주고, 잊어주고, 용서하고, 품어주십시오. 그들이 과오를 딛고 복음과 교회를 위해 더욱 성숙한 동역자로 거듭나도록 도와주기를 바랍니다.

네 번째 동역자는 '신앙 변절자' 데마입니다

"또한 나의 동역자 마가, 아리스다고, 데마, 누가가 문안하느니라"(24절). 데마에게는 '신앙 변절자'라는 별명을 붙였습니다. 데마는 시작은 좋았지만, 끝이 불행한 사람이었습니다.

데마는 신약성경에서 단 두 번 등장합니다. 여기 빌레몬서 24절과 디모데후서 4장 10절입니다. 데마는 데살로니가 출신의 이방인으로 추정되며, 바울이 빌레몬서와 골로새서를 쓸 당시에는 로마에서 그를 도와 복음 사역을 함께한 동역자였습니다. 그러나 바울이 두 번째로 로마 감옥에 갇혀 디모데후서를 쓸 무렵, 데마는 더 이상 그의 곁에 있지 않았습니다. "데마는 이 세상을 사랑하여 나를 버리고 데살로니가로 갔고"(딤후 4:10). 데마는 단순히 사도 바울을 떠난 것이 아니라 세상을 사랑하여 예수님에 대한 믿음까지 저버렸습니다. 그리스도인으로 살기보다 세상의 성공과 편안함을 쫓는 길을 선택한 것입니다.

결국 데마는 세상의 유혹이나 핍박에 굴복하여 믿음을 잃어버렸습니다. 바울의 동역자들 중에도 신앙의 변절자가 있었던 것입니다. 데마는 일시적인 이익을 쫓아 영원한 가치를 포기했고, 시작은 좋았지만 끝은 불행하게 되었습니다. 복음 사역을 뒤로하고 믿음을 떠난 데마의 결말이 참으로 안타깝습니다.

예수님도 3년 동안 제자들을 가르치고 사랑으로 돌보셨지만, 가룟 유다의 배신을 경험하셨습니다. 우리가 아무리 지체들을 잘 돌보고 제자들을 잘 가르친다 해도, 공동체 안에서 믿음을 저버리는 사람이 나올 수 있습니다. 인간은 불완전한 존재이기 때문에 하나님께 단단히 붙어 있지 않으면, 겸손하게 은혜에 의지하지 않으면, "하나님을 사랑한 자"로 남지 못하고 "세상을 사랑한 자"로 끝날 수 있습니다.

우리가 해야 할 일은 두 가지입니다. 첫째, 신앙을 끝까지 지켜야 합니다. 가끔 성도들에게 "아무개 성도의 전도를 받아 교회에 나오게 되었어요. 그런데 그 사람은 지금 교회를 안 다녀요"라는 말을 들을 때, 마음이 참 아픕니다. 둘째, 혼자 신앙생활을 하지 말고, 동역자들과 함께 다음 세대의 믿음을 견고히 세워야 합니다. 우리 중 한 사람도 잃어버리지 않도록 서로를 붙들어주고 섬겨야 합니다. 철이 철을 날카롭게 하는 것처럼, 때로는 책망하되 언제나 서로를 위해 기도하는 동역자들이 되기를 바랍니다.

다섯 번째 동역자는 '동행 증언자' 누가입니다

"또한 나의 동역자 마가, 아리스다고, 데마, 누가가 문안하느니라"(24절). 누가에게는 '동행 증언자'라는 별명을 붙였습니다. 누가는 바울의 사역에 동행했을 뿐만 아니라 그 사역을 기록하고 증언한 인물이기 때문입니다.

누가는 시리아 안디옥 출신의 이방인 그리스도인으로, 바울에게 사랑받는 의사였습니다. 누가복음과 사도행전을 기록한 누가는 높은 수준의 헬라어 문체를 구사했으며, 의학뿐만 아니라 문학, 철학, 수사학에서도 고등 교육을 받은 것으로 보입니다. 그리스도인이 된 후 누가는 바울과 함께 마게도냐에서 사역했고, 바울이 3차 선교여행을 마치고 이방인 교회의 구제 헌금을 전달하기 위해 예루살렘으로 갈 때 동행했습니다. 또한 바울이 로마 황제에게 상소하여 미결수 신분으로 로마로 갈 때, 아리스다고와 함께 누가도 바울을 수행했습니다.

누가는 바울을 가까이서 수행했기에 그가 선교여행에서 겪은 일들을 함께 경험하거나 자세히 들었을 것이고, 덕분에 사도행전이라는 세밀하고도 중요한 복음 사역의 기록을

남길 수 있었습니다.[21] 사도행전은 땅 끝까지 복음이 전파되고 하나님 나라가 세워질 것이라는 예수님의 약속에서 시작하여, 제국의 심장부인 로마에서 바울이 거침없이 하나님 나라의 복음을 선포하는 모습으로 마무리됩니다. 이를 통해 누가는 사도행전을 읽는 성도들에게 하나님과 하나님 나라의 승리에 대한 확신을 주었습니다.

예수님 곁에도 그분의 사역을 돕고, 증언하며 기록한 제자들이 있었습니다. 열두 사도 중 마태와 요한이 대표적인 '동행 증언자'들입니다.

오늘날 우리에게도 누가처럼 복음 사역에 동행하고, 하나님의 일하심을 기록하고 전할 이들이 필요합니다. 교회 홈페이지에 신앙의 여정을 기록해야 합니다. 교회의 어른들이 다음 세대들에게 교회의 역사와 믿음의 이야기를 전해주어야 합니다. 후배들은 선배들의 증언과 고백에 귀를 기울여야 합니다. 신앙 공동체에는 성도들의 희생과 헌신, 고난과 인내, 분투와 승리에 대해 기록하고 간증하는 이들이 반드시 있어야 합니다. 하나님이 우리 공동체 안에서 행하신 크고 작은 일들을 간증하고 기록하여, 다음 세대의 신앙을 세우고 사역을 계승해가야 합니다.

하나님과 형제자매 옆에 있는 동역자가 됩시다

지금까지 바울의 다섯 동역자들에 대해 살펴보았습니다. 에바브라는 복음 전파자였고, 아리스다고는 고난 동행자였습니다. 마가는 과오 극복자였으며, 데마는 신앙 변절자였습니다. 마지막으로 누가는 동행 증언자였습니다.

이들이 우리에게 주는 교훈은 두 가지로 요약할 수 있습니다. 첫째, 하나님 옆에 있어야 한다는 것입니다. 둘째, 동역자 옆에 있어야 한다는 것입니다. 25절로 이루어진 짧은 편지 빌레몬서에는 "옆에" 혹은 "함께"라는 표현이 많이 나옵니다.[22] 헬라어에서 '옆에 있다'는 표현은 '위로와 격려와 힘을 더해주다'라는 의미를 담고 있습니다. 영어에서도 "스탠 바이 미(Stand by me)"라는 말은 단순히 "내 옆에 서 있어 줘"라는 뜻을 넘어 "나를 지지해줘", "내게 용기를 줘"라는 의미가 있습니다. 같은 제목의 유명한 팝송도 있지 않습니까?[23]

사랑하는 여러분, 기쁠 때나 슬플 때나 동역자 옆에 있어 주는 것이야말로 '동역자의 가장 큰 의무'임을 기억하십시오. 옆에 있어주는 것이 가장 큰 위로와 격려가 됩니다. 바울은 위대한 사도였지만 혼자 사역하지 않았습니다. 그의 옆에는 언제나 아리스다고, 에바브라, 마가, 누가, 디모데, 실루아노, 소스데네 등 여러 동역자들이 있었습니다. 이들의 동역이 있었기에 바울은 13권의 신약성경을 기록할 수 있었고, 소아시아와 아가야, 마게도냐에 많은 교회를 세웠으며, 로마 제국의 심장부에서 하나님 나라의 복음을 담대히 선포하는 위대한 사도가 될 수 있었습니다.

평온한 때나 고난의 때나 여러분 옆에 신실한 동역자들이 늘 함께하기를 바랍니다. 또한 여러분도 동역자 한 사람 한 사람을 소중히 여기고, 그들과 함께 복음을 전하며, 고난도 마다하지 않는 동역자가 되기를 바랍니다. 그렇게 하나님의 역사하심을 목격하고, 하나님의 영광을 찬송하는 좋은 동역자가 되기를 주님의 이름으로 축원합니다.

○ 오늘의 묵상

1. 에바브라처럼 주변 사람들, 특히 가장 가까운 가족과 친구들에게 복음을 전하기 위해 노력하고 있나요? 그들에게 다가가기 위한 방법은 무엇일까요?
2. 아리스다고처럼 어려움에 처한 동역자들 곁에 머물며 고통을 함께 나누고 있나요? 이들에게 어떻게 위로와 지지를 보낼 수 있을까요?
3. 마가처럼 과거의 실수를 극복하고 긍정적으로 변화하기 위해 우리가 할 수 있는 일은 무엇일까요?
4. 데마처럼 변절하지 않고 우리의 신앙을 끝까지 지키기 위해서는 어떤 노력이 필요할까요?
5. 누가처럼 하나님이 우리의 삶과 공동체에 역사하신 일들을 기록하고 간증해보세요.

○ 오늘의 기도

하나님 아버지, 바울의 동역자들을 통해 우리 곁에 있는 동역자들을 돌아보고, 우리가 어떤 동역자가 되어야 하는지 깨닫게 해주셔서 감사합니다. 영혼 구원과 제자 양육의 사명을 함께 감당하며, 고난 속에서 지체들에게 위로와 힘이 되는 동역자가 되기를 원합니다. 믿음의 길에서 떠나지 않도록 붙들어주시고, 과오를 범했을 때는 용서를 구하며 화해와 회복을 이루도록 도와주십시오. 주님이 공동체에 행하신 역사를 증언하는 성도들의 이야기에 귀 기울이고, 우리도 그들의 발자취를 따라 증언자가 되기를 원합니다. 우리 공동체에 신실한 동역자들이 계속해서 세워지며, 이를 통해 복음 전파에 힘쓰는 교회가 되게 해주십시오. 우리 주 예수 그리스도의 이름으로 기도합니다. 아멘.

11
"은혜가 있을지어다"

빌레몬서 25절
우리 주 예수 그리스도의 은혜가 너희 심령과 함께 있을지어다.

'은혜'는 기독교 신앙의 핵심입니다. C. S. 루이스는 기독교를 다른 종교와 구별 짓는 가장 중요한 특징으로 은혜를 꼽았습니다.[24] 그는 "받을 자격이 전혀 없는 사람들에게 일방적으로 베풀어지는 하나님의 사랑과 호의, 즉 은혜야말로 기독교 신앙의 독특성"이라고 말했습니다. 다른 종교들은 인간이 신에게 쌓은 노력과 공로를 바탕으로 구원과 복을 얻는다고 가르칩니다. 그러나 기독교는 "우리가 섬기는 여호와 하나님은 우리의 노력과 공로가 아닌, 오직 예수님의 십자가에서 이루어진 성취와 공로를 통해 대가 없이 구원과 복을 주신다"고 가르칩니다. 이것이 바로 은혜입니다. 다른 종교나 무속 신앙에서는 찾아볼 수 없는, 하나님의 고귀한 성품이 이 은혜에 있습니다.

성경에 '은혜'라는 단어와 개념이 얼마나 자주 나오는지 헤아리기 어려울 정도입니다. 신약성경의 복음서, 사도행전, 바울서신, 공동서신, 요한계시록까지 '은혜'라는 단어가 무려 150회 이상 등장합니다. 신약성경은 '은혜'로 시작해 '은혜'로 끝난다고 해도 과언이 아닙니다. 빌레몬서도 은혜로 시작하여 은혜로 마칩니다. 사도 바울은 편지의 서두에서 빌레몬과 그의 가정과 교회에 인사하며 이렇게 선언합니다. "하나님 우리 아버지와 주 예수 그리스도로부터 은혜와 평강이 너희에게 있을지어다"(3절). 편지의 마지막에서는 이렇게 기원합니다. "우리 주 예수 그리스도의 은혜가 너희 심령과 함께 있을지어다"(25절).

은혜는 빌레몬서의 중요한 주제입니다. 이 장에서는 세 가지 질문을 통해 빌레몬서 25절이 은혜를 어떻게 설명하는지 살펴보고, 그 은혜가 우리 삶에 왜 필요한지 묵상하고자 합니다.

첫째, 은혜는 어디에서 옵니까?

"우리 주 예수 그리스도의 은혜가 너희 심령과 함께 있을지어다"(25절).

은혜의 출처는 어디입니까? 은혜는 주 예수 그리스도로부터 옵니다. "주 예수 그리스도의 은혜"란 '주 예수 그리스도로부터 오는 은혜'를 의미합니다. 사도 바울은 25절에서 "주 예수 그리스도의"라는 소유격으로 은혜의 출처를 밝히며, 3절에서는 더 명확히 설명합니다. "하나님 우리 아버지와 주 예수 그리스도로부터 은혜와 평강이 너희에게 있을지어다." 은혜와 평강이 하나님 우리 아버지와 주 예수 그리스도로부터 온다는 사실을 분명히 하며, 빌레몬과 그의 교회를 축복한 것입니다. 빌레몬서는 예수 그리스도의 은혜로 감싸인 편지라 할 수 있습니다.

그리스도인의 삶 역시 은혜로 시작되고 은혜로 완성됩니다. 우리는 은혜로 구원받고 은혜로 신앙생활을 합니다. 성도 간에 용서할 수 있는 것도 은혜 때문이며, 은혜로 하나 된 공동체를 이룹니다. 은혜는 우리가 구원받는 데 필요할 뿐만 아니라 구원받은 신자로 살아가기 위해서도 반드시 필요합니다. 따라서 은혜는 두 가지로 정의할 수 있습니다. 첫째, 죄인에게 구원을 베푸시는 하나님의 조건 없는 호의입니다. 둘째, 신자가 복음에 합당하게 살도록 돌보고 인도하시는 하나님의 너그러운 행동입니다.

예수님을 믿고 하나님의 자녀가 되는 순간부터 이 땅의 삶을 마감하고 주님 앞에 서는 그날까지, 우리에게 필요한 것은 은혜입니다. 감사하게도 예수 그리스도가 그 은혜를 풍성하게 준비해놓으셨습니다. 십자가에서 죽으심으로 우리에게 필요한 '모든' 은혜를 예비해주셨습니다. 그러므로 우리는 고통스러울 때, 외로울 때, 주저하지 않고 그리스도의 은혜를 구할 수 있습니다.

"그러므로 우리는 긍휼하심을 받고 때를 따라 돕는 은혜를 얻기 위하여 은혜의 보좌 앞에 담대히 나아갈 것이니라"(히 4:16). 은혜를 얻기 위해서는 하나님이 계신 은혜의 보좌로 나아가야 합니다. 은혜의 보좌로 나아가는 길은 어떻게 열릴까요? 그 길은 오직 그리스도를 통해 열립니다. 그리스도가 십자가에서 흘리신 피로 그 문이 열렸기 때문입니다. 그러므로 우리는 항상 그리스도의 십자가를 의지해 은혜의 보좌로 나아가야 하며, 하나님께 은혜를 간구해야 합니다. 우리의 공로를 내세워서는 결코 은혜를 받을 수 없습니다. 반면, '그리스도가 우리를 위해 행하신 일'을 의지할 때, 하나님이 우리에게 한없는 은혜를 조건 없이 부어주십니다. 이 은혜가 삶에 충만할 때, 우리는 고난을 견뎌낼 수 있습니다. 시험을 이길 수 있습니다. 유혹을 물리칠 수 있습니다. 문제를 해결할 수 있습니다. 맡겨진 사명을 감당할 수 있습니다.

빌레몬은 오네시모라는 배은망덕한 노예를 '사랑받는 형제'로 받아들이라는 도전을 받았습니다. 인간적인 마음으로는 오네시모를 형제로 받아들이기가 쉽지 않았을 것입니다. 자신을 배신하고 손해를 끼친 노예가 바울 사도를 만나 변화되었다고는 하나, 그를 하루아침에 '형제'로 부르며 동역자로 여기기란 결코 간단한 일이 아닙니다. 그러나 빌레몬은 그 도전을 받아들였습니다. 예수 그리스도의 은혜가 그에게 충만히 부어졌기 때문입니다. 이 은혜는 빌레몬의 가정과 교회에도 동일하게 임했습니다. 그 은혜가 있었기에, 빌레몬의 가정과 골로새 교회 성도들도 오네시모를 사랑받는 형제로 받아들일 수 있었습니다.

히브리서 3장 1절은 십자가 고난을 통해 우리를 구원하고 도우시는 예수님을 깊이 생각하라고 권면합니다. "그러므로 함께 하늘의 부르심을 받은 거룩한 형제들아, 우리가 믿는 도리의 사도이시며 대제사장이신 예수를 깊이 생각하라." 은혜의 원천이신 예수 그리스도를 날마다 깊이 생각하십시오. 예수님께 집중하십시오. 우리의 모든 생각을 예수님께 고정시키는 것이 그분을 깊이 생각하는 것입니다. 예수님의 복음을 깨닫고, 그분과의 친밀한 교제를 통해 그분이 주시는 '은혜라는 선물'을 풍성히 누리기를 간절히 바랍니다.

둘째, 은혜는 어디에 부어집니까?

"우리 주 예수 그리스도의 은혜가 너희 심령과 함께 있을지어다"(25절).

은혜는 신자의 심령에 부어집니다. 사도 바울은 예수 그리스도로부터 오는 은혜가 신자의 심령에 가득하기를 기원하고 있습니다. 신자의 심령 혹은 영혼이 예수 그리스도의 은혜가 머무는 저장고가 되는 것입니다.

'심령'은 예수님을 믿고 구원받은 신자의 영혼을 가리킵니다. 여기에 헬라어 '프뉴마'(πνεῦμα, spirit)라는 단어는 신약성경에서 인간의 영혼을 가리키기도 하고, 성령님을 지칭할 때도 자주 사용됩니다. 물론 성령님을 나타낼 때는 '거룩한'이라는 의미의 '하기온'을 더해 '프뉴마 하기온'(τὸ πνεῦμα τὸ ἅγιον, Holy Spirit)이라고 표현하여 구별하기도 합니다. 그러나 많은 경우 신약성경의 저자들은 '프뉴마'라는 단어로 성령과 인간의 영을 동시에 가리키기도 합니다. 왜 명확히 구분짓지 않았을까요? 이는 성령님이 인간의 영과 긴밀하게 연결되어 있기 때문입니다. 성령님이 역사하시는 주된 영역은 '몸'이기보다 '영혼' 혹은 '심령'이기 때문입니다.

하나님의 은혜는 믿고 구원받은 자의 심령에 부어집니다. 그 결과, 구원받은 자의 심령은 구원받지 못한 자의 심령과 완전히 다릅니다. 구원받지 못한 자의 심령은 하나님과 상관없이 '자기' 만족을 추구하는 욕망으로 가득 차 있습니다. 이러한 욕망은 결국 악한 영들을 그 심령에 불러들이게 됩니다. 반면, 구원받은 자의 심령에는 '하나님'을 기쁘시게 하려는 소망이 자라나고, 이는 내주하시는 성령님의 역사를 더욱 강하게 만듭니다.

성령님은 언제 심령에 거하시기 시작할까요? 성령님은

사람이 예수님을 믿고 구원받는 순간, 그의 영혼 안에 거하십니다. 그때 신자의 심령은 완전히 새롭게 변화됩니다. 성령님이 신자의 심령 안에서 역사하시면, 성령님과 우리의 심령 사이에 깊은 접촉과 교류가 일어납니다. 여기서 주의해야 할 점은, 성령님이 어떤 물질이 아니라 인격체라는 것입니다. 가스나 액체처럼 우리의 심령을 채우는 것이 아니라 인격으로 우리 안에 거하시고 말씀하시며 우리를 인도하십니다.

성령님은 우리 심령에 하나님의 뜻을 전달하십니다. 그 뜻에 순종할 때, 우리는 하나님이 기뻐하시는 길로 나아가게 됩니다. 그러므로 우리의 심령을 성령님께 온전히 내어드려 성령님이 지배하시도록 해야 합니다. 성령님은 진리의 영이므로 성경의 가르침과 일치하는 방향으로 우리를 인도하십니다. 성령님이 말씀과 인도를 통해 알려주시는 하나님의 뜻에 겸손히 순종할 때, 우리는 은혜를 풍성히 누리게 됩니다. 그렇게 하나님과 신자 사이에 깊은 교제와 협력이 이루어질 때, 신자의 심령은 세상이 줄 수 없고 인간이 이해할 수 없는 하나님의 은혜와 평안을 경험하게 됩니다.

우리의 심령이 늘 성령님과 연결되어 있고 친밀하게 소

통할 때, 예수님이 주시는 은혜가 우리에게 풍성히 부어진다는 점을 기억하십시오. 그 은혜가 풍성히 부어질 때, 우리는 하나님이 기뻐하시는 일을 행할 수 있게 됩니다. 이전에 우리 힘으로는 불가능했던 일들을 할 수 있게 됩니다. 성령님이 빌레몬의 심령에 예수님의 은혜를 풍성히 부어주셨을 때, 그는 자기를 배신한 노예 오네시모에게 용서와 관용을 베풀 수 있었습니다. 사도 바울의 권면대로 오네시모를 용서하고 형제로 받아들이며, 그를 다시 로마의 복음 사역으로 돌려보낼 수 있었습니다.

사랑하는 여러분, 우리의 심령에도 예수님의 은혜가 폭포수처럼 부어지길 소망합니다. 우리 안에 계신 성령님과 친밀하게 교제하며 하나님의 뜻을 깨닫고 순종할 때, 하늘의 기쁨과 평안을 풍성히 누리기를 바랍니다.

셋째, 은혜는 누구에게 필요합니까?

"우리 주 예수 그리스도의 은혜가 너희 심령과 함께 있을지어다"(25절).

은혜가 필요한 자는 누구일까요? 본문에서는 사도 바울

이 "너희"에게 은혜가 함께하기를 기원하고 있습니다. 여기서 "너희"는 복수형으로, 단순히 빌레몬 개인만을 의미하지 않고 그가 속한 가정교회 전체를 포함합니다. 은혜는 빌레몬 개인뿐만 아니라 교회 공동체 전체에 필요합니다. 성도 한 사람, 두 사람이 은혜로 충만해질 때, 그들의 교회도 함께 은혜로 충만해지고, 교회가 은혜로 충만하면 그 안에 속한 성도들 각각도 은혜로 충만해지는 선순환이 일어납니다. 성도와 교회는 서로에게 좋은 영향을 주어야 하며, 이러한 상호작용을 통해 하나님이 기뻐하시는 공동체로 성장할 수 있습니다.

사도 바울은 빌레몬 개인뿐만 아니라 그가 속한 교회의 건강에도 관심을 가졌습니다. 그는 예수님을 주님으로 믿는 공동체가 성숙하고 하나 되기를 진정으로 바랐습니다. 예수 그리스도의 은혜가 성도 한 사람 한 사람의 심령에 부어지고, 그들이 성령님의 인도하심에 순종할 때, 하나님께 기쁨이 되는 성도들이 점점 많아지며, 그들이 모인 교회 또한 하나님께 기쁨이 되는 공동체로 성장할 것입니다. 아마도 이것이 바울이 "너희[들]의 심령"을 언급하며 떠올린 그림이 아닐까요?

은혜는 성도 한 사람을 넘어 성도가 함께 이루는 공동체 전체를 위한 혜택으로 주어졌습니다. 따라서 은혜의 수혜자는 '나'가 아니라 '우리'입니다. 성경 프로그램으로 검색해보면, 사도 바울은 그의 서신 13편에서 '우리'라는 대명사를 400회나 사용하고 있습니다. 바울은 성도 한 명이 복음을 듣고 예수님을 믿어 하나님의 자녀가 되는 것을 중요하게 여겼지만, 그의 궁극적인 관심은 성도들이 '함께 모여' 하나님의 백성으로서 정체성을 지키고, 영적으로 성장하며 성숙해지는 교회 공동체에 있었습니다. 또한 이 공동체가 영혼 구원과 하나님 나라 건설의 사명을 감당하며, 서로 위로하고 격려하는 모습을 바울은 기대했습니다. 그래서 그는 '우리'라는 대명사를 수없이 사용하며 교회 공동체의 중요성을 강조했던 것입니다.

"우리가 아직 죄인 되었을 때에 그리스도께서 우리를 위하여 죽으심으로 하나님께서 우리에 대한 자기의 사랑을 확증하셨느니라"(롬 5:8). "우리 주 예수 그리스도로 말미암아 우리에게 승리를 주시는 하나님께 감사하노니"(고전 15:57). "긍휼이 풍성하신 하나님이 우리를 사랑하신 그 큰 사랑을 인하여 허물로 죽은 우리를 그리스도와 함께 살리셨고"(엡 2:4-5). "우리 안에 거하시는 성령으로 말미암아 네게 부탁한 아름다운 것을 지키라"(딤후 1:14). 이와 같이 수많은 구절에서 사도 바울은 '우리', 즉 눈에 보이는 지역교회와 눈에 보이지 않는 보편교회를 향한 하나님의 사랑을 전하고 있습니다. 사도 바울뿐만 아니라 우리 하나님의 관심과 소원도 하나님의 백성 개개인이 모여 주님의 건강한 몸인 교회로 세워지고, 그들이 하나님의 사명을 이루는 공동체로 세상 가운데 우뚝 서는 것입니다.

'우리'라는 대명사의 어원은 무엇일까요? '우리'는 사전적으로 "나를 포함한 복수 또는 내가 속한 집단"을 의미합니다. 어떤 책에서는 '우리'라는 대명사가 '울다'의 어근 '울'과 사람을 뜻하는 접미사 '이'가 더해진 '울이'에서 유래했다고 하며, 이는 "함께 우는/소리내는 사람"이라는 의미를 가진다는 학설이 있습니다. 이 학설에 따르면 '우리'는 기쁨과 슬픔을 함께 나누고 서로를 위해 울어주며 주장해주는 사람들, 함께 노래하는 사람들을 뜻합니다. 다시 말해, 함께 울고 웃으며 마음을 나누고, 내 편이 되어 나를 옹호해주는 이들이 '우리'입니다. 같은 이유로 기뻐하고 감격하며 노래하는 사이가 바로 '우리'입니다.

따라서 은혜는 나 혼자 누릴 것이 아니라 '우리'가 함께 누려야 합니다. 사도 바울이 "예수 그리스도의 은혜가 너희와 함께 있을지어다"라고 말할 때, "너희"는 은혜가 한 사람의 심령에 머무는 것이 아니라 두 사람, 세 사람, 나아가 교회 공동체를 은혜로 가득 채우는 것을 의미합니다. 이렇게 은혜가 '우리' 안과 '우리' 사이에 흘러넘칠 때, '우리'는 나눔과 지지, 공감의 공동체가 됩니다.

사랑하는 여러분, '나'의 영적 성장을 넘어 '우리'의 영적 성장에 관심을 갖게 되기를 바랍니다.[25] 내가 받은 은혜가 가정과 목장, 그리고 교회로 흘러가 그 물줄기가 점점 더 넓고 깊어지며 강력해지기를 바랍니다. 강력한 은혜의 물줄기에 부정적인 말과 생각이 쓸려 나가고, 희망적인 말과 생각이 모든 성도의 심령에 영양분으로 공급되어 부흥과 성숙으로 나아가는 교회 공동체가 되기를 바랍니다. 나아가 교회에서 넘쳐흐르는 은혜의 물줄기가 세상을 변화시키는 생명의 물줄기가 되기를 간구합니다.

날마다 주님께 공급받은 은혜로 삽시다

우리는 날마다 주님께 은혜를 공급받아 그 힘으로 살아가야 합니다. 예수님의 은혜로 우리는 새 생명을 얻었고, 그 은혜는 지금도 우리를 변화시키며 우리 삶 속에서 하나님의 선한 뜻을 이루고 있습니다. 때로는 불행처럼 보이는 일을 겪더라도, 하나님은 자녀들의 삶에서 일어나는 모든 일이 합력하여 선을 이루게 하십니다. 하나님은 이 모든 것을 통해 우리 인생에 진정한 행복을 창조하십니다.

예수님은 우리 인생에 은혜가 강물처럼 흐르도록 하기 위해 십자가 위에서 보혈을 강물처럼 흘리셨습니다. 우리에게 영원한 생명을 주기 위해 불멸의 존재인 분이 인간의 몸을 입고 이 땅에 오셨습니다. 우리를 사랑하는 예수님은 우리의 삶을 은혜로 가득 채우기를 기뻐하십니다.

날마다 예수 그리스도의 은혜를 사모하며, 성령님을 통해 이 은혜를 누리길 바랍니다. 또한 하나님이 택하신 세상의 영혼들을 구원하기 위해 이 은혜를 증거하는 성도가 되기를 간절히 기원합니다.

○ 오늘의 묵상

1. 예수 그리스도로부터 오는 은혜의 의미는 무엇인가요? 예수 그리스도의 은혜를 날마다 구하며 그 힘으로 살아가고 있나요?
2. 내 심령은 성령님과 긴밀하게 연결되어 은혜가 풍성하게 부어지는 저장고가 되고 있나요? 성령님과의 교제를 통해 하나님의 뜻에 순종하며 살아가고 있는지 돌아보세요.
3. 내가 속한 공동체(가정, 교회)는 예수 그리스도의 은혜로 충만한가요? '우리'라는 공동체 의식은 나의 신앙생활에 어떤 도움이 되고 있나요?
4. 특별히 하나님의 은혜가 필요했던 순간을 떠올려보세요. 그 은혜가 어떻게 나를 도왔는지 경험을 나누어보세요.

○ 오늘의 기도

하나님, 우리의 삶이 온전히 주님의 은혜로 이루어졌음을 고백합니다. 앞으로도 주님의 은혜 없이는 살아갈 수 없음을 깨닫고, 날마다 그 은혜에 의지하며 살기를 소망합니다. 우리가 누리는 은혜가 예수 그리스도가 십자가에서 흘리신 피로 인한 구속의 은혜임을 항상 기억하게 해주십시오. 성령님과의 친밀한 교제를 통해 그분의 인도하심에 순종하며, 주변 사람들에게 은혜를 흘려보내는 통로가 되기를 원합니다. 우리의 가정과 목장, 교회가 주님의 신령한 은혜로 충만히 세워지고, 그 은혜를 세상에 드러낼 수 있도록 우리의 말과 행동을 주관해주십시오. 우리 주 예수님의 이름으로 기도드립니다. 아멘.

미주

1. 서론은 다음 책을 참고해 정리했다. Grant R. Osborne, *Colossians & Philemon: Verse by Verse* (Lexham Press, 2022. Logos Edition).
2. '갇힌 자'라는 뜻의 '데스미오스'(δέσμιος)가 1절, 9절에, '갇힘'이라는 뜻의 '데스모스'(δεσμός)가 10절, 13절에 나타난다.
3. 일제의 신사참배 강요와 한국 장로교회의 타협, 그리고 한상동을 중심으로 한 반대운동과 해방 이후 고신파의 분열 등 역사에 대해서는 다음 책을 참고하라. 임경근, 『한국 교회사 걷기: 한민족에게 임하신 하나님의 손길을 따라』(두란노, 2021), 293-334.
4. 헨리 나우웬(Henri Nouwen, 1932-1996)이 데이브레이크(Daybreak)를 '나의 집'으로 삼기까지의 과정과 그곳에서의 고뇌와 깨달음과 삶의 묵상을 다음 책에서 볼 수 있다. 헨리 나우웬, 『데이브레이크로 가는 길』, 최종훈 역(포이에마, 2014).
5. 룻기에 나타난 하나님의 은혜, 즉 '헤세드'에 대한 좋은 강해로는 우병훈, 『룻기, 상실에서 채움으로』(좋은씨앗, 2020)를 참고하라. 2022년 봄, 울산시민교회는 이 책의 내용을 전 교인과 함께 묵상하며 큰 은혜를 경험했다.
6. 파커 J. 팔머, 『역설』, 김종훈 역(템북, 2023), 173.
7. 존 칼빈, 『기독교 강요』(CH북스, 2015), 4. 1. 1.
8. 키아스무스(chiasmus)라고 불리는 교차대구 구조에 대한 깊은 연구를 원한다면, 신구약 성경과 수메르어, 아카드어, 아람어, 그리스-로마 문학 등에서 교차대구 구조가 어떻게 사용되었는지를 연구한 다음 책을 참조하라. John W. Welch, *Chiasmus in Antiquity: Structures, Analyses, Exegesis* (Neal A. Maxwell Institute for Religious Scholarship, 1998).
9. 하나님의 선하심에 대한 믿음이 그리스도인의 신앙생활에서 핵심임을 설명

하는 다음의 책을 읽어보라. 김형익, 『우리가 하나님을 오해했다: 선하신 하나님을 향한 진리의 여정』(생명의말씀사, 2014).
10 조나단 에드워즈, 『조나단 에드워즈가 본 천지창조의 목적』, 정일오 역(솔로몬, 2003)을 보라.
11 이장호, 『질주를 멈추고, 동행』(두란노, 2019).
12 바울이 경험한 반대와 고난에 대해서는 다음의 성경 구절을 참고하라. 매질(고후 11:24), 투석(행 14:19-20), 파선(행 27장), 옥고(행 16:23-40, 21:17-39), 배척과 위협(행 13:50, 19:23-41), 모함(행 21:21-26).
13 James D. G. Dunn, *The Epistles to the Colossians and to Philemon, NIGTC* (Grand Rapids, MI: Eerdmans, 1996), 64.
14 지용근 외 10명, 『한국 교회 트렌드 2024』(규장, 2023). 한국 교회 목회자들이 시대를 분석하고 시대에 응답하는 복음 사역을 할 수 있도록 돕기 위해, 2022년에 목회데이터연구소에서 『한국 교회 트렌드 2023』을 처음 펴냈고, 2023년에 후속편을 펴냈다.
15 "하나님이 명백한 행동자일 때 수동태가 사용되는 경우가 있다. 많은 문법책에서 이것을 '신적 수동태', 혹은 '신학적 수동태'라고 부른다. 이러한 문법 형식은 유대인들이 하나님의 이름을 직접 언급하는 것을 기피하는 경향에서 기인한 것으로 보인다. 예를 들어, '그들이 위로를 받을 것이다'(마 5:4), '그들이 배부를 것이다'(마 5:6) 등에 쓰인 수동태는 신적 수동태다. Young은 이러한 완곡어법이 복음서에서 더 자주 발생한다고 주장한다. Jeremias는 신적 수동태의 사용이 예수님의 직접적인 말씀(ipsissima verba)에서 기인한다고 말한다"(Daniel B. Wallace, *Greek Grammar Beyond the Basics: An Exegetical Syntax of the New Testament* [Grand Rapids, MI: Zondervan, 1996], 437). 헬라어 구문론에 대한 더 깊은 공부를 원한다면, 위의 책의 요약판을 한국어로 번역한 다음 책을 참고하라. 대니얼 월리스, 『월리스 중급 헬라어 문법: 신약 구문론의 기초』, 김한원 역(IVP, 2019).
16 고대 교회의 영지주의 이단으로부터 기독론, 삼위일체에 관련된 이단, 그리고 몰몬교, 여호와의증인, 통일교, 전도관, 시한부 종말론, 가계치유론, 신천지 증거장막성전, 하나님의교회 세계복음선교협회 등 현대 한국 교회

를 어지럽히는 주요 이단, 사이비 단체에 관한 조직신학자의 비판에 대해서는 목창균, 『이단 논쟁』, 증보판(두란노, 2019)을 보라.

17 예수님의 십자가에 대한 이해를 7개 모델로 설명한 다음 책을 참조하라. 차재승, 『7인의 십자가 사상: 십자가 그 자체로부터 넘치는 십자가로』(새물결플러스, 2014). 차재승 교수가 소개하는 7개 모델은 안셀무스의 충족, 루터의 교환, 오리게네스의 희생, 캠벨의 회개, 이레나이우스의 총괄갱신, 판드 베이크의 나눔과 짊어짐, 칼뱅의 대속이다. 십자가에 대한 풍성한 이해를 위해 7개 모델을 비판적으로 수용할 수 있지만, 십자가를 이해하는 데 있어 가장 중요한 모델은 '칼뱅의 대속'이라고 본다. 빌레몬서에서 바울이 오네시모의 빚을 대신 갚아주겠다고 한 제안은 예수 그리스도가 십자가에서 행하신 대속의 의미를 보여주는 그림이며, 신자가 삶 속에서 예수님의 대속을 본받아 행한 좋은 예시다. 전통적 '대속적 죽음'(substitutionary death) 이론에 대한 신약학자의 주해적, 역사적 변증을 보려면 다음 책을 참고하라. 사이먼 개더콜, 『대속을 다시 생각하다: 바울은 그리스도의 죽음을 어떻게 이해했는가』, 이철민 역(IVP, 2024).

18 1만 달란트는 매우 큰돈이다. 요세푸스의 『유대고대사』, 17. 11. 4에 의하면 주전 4년에 유대, 이두매아, 사마리아에서 걷힌 세금의 합이 600달란트였다고 한다. 그러므로 1만 달란트는 한 개인이 지기도 어려운 빚이고, 갚기는 더욱 불가능한 빚의 규모다. Donald A. Hagner, *Matthew 14–28*, *WBC 33B* (Dallas, TX: Word, 1995), 538.

19 인터넷 서점 알라딘에서 "가슴이 시키는"으로 검색을 해보면, 『천직, 내 가슴이 시키는 일』, 『청춘, 가슴이 시키는 대로』, 『가슴이 시키는 일』, 『가슴이 시키는 대로 날아라, 청춘』, 『10대를 위한 가슴이 시키는 일』, 『40대를 위한 가슴이 시키는 일』, 『나는 가슴이 시키는 대로 살고 싶다』, 『1초에 가슴을 울려라』 등 다수의 책이 검색된다.

20 스탠리 포터의 말처럼, 바울은 빌레몬에게 오네시모를 형제로 받아들이며 그를 자유인이 되게 하라는 부탁을 함으로써 사회 체계인 노예제도에 미묘하면서도 중요한 변화를 일으키고 있다. 물론 바울의 행동은 로마 제국 전역에 광범위한 노예해방을 일으키려는 의도에서 비롯된 것은 아니다. 하지만 바울이 일으킨 작은 불꽃은 아주 오랜 후에 일어날 노예해방이라는

불길에 통찰과 용기를 불어넣을 수 있는 의미 있는 행동이었다. 스탠리 E. 포터, 『바울 서신 연구: 사도 바울의 생애와 사상』, 임재승, 조명훈 역(새물결플러스, 2019), 640.
21 누가가 사도행전의 저자라는 증거로서 사도행전에 포함된 '우리' 단락(행 16:10-17, 20:5-15, 21:1-18, 27:1-28:16)을 근거로 보는 경우가 많다. 누가가 다른 목격자들의 증언만 의존한 것이 아니라, 누가 자신이 이 사건들에 대한 최초의 지식을 가진 목격자이기 때문에 바울과 자신과 동행을 모두 묶어 '우리'라고 표현한 것이다. 이 주제에 대해 더 알기 원한다면 다음 자료를 참고하라. Mark Allan Powell, *Introducing the New Testament: A Historical, Literary, and Theological Survey* (Grand Rapids: MI: Baker, 2009), 194-195. 이 책은 마크 앨런 파월, 『현대인을 위한 신약개론: 역사적, 문학적, 신학적 읽기』, 이승호 역(CLC, 2014)으로 번역되었다.
22 '함께 애쓰는 자'(συνεργός, 1절, 24절), '함께 병사 된 자'(συστρατιώτης, 2절), '함께 갇힌 자'(συναιχμάλωτος, 23절), '함께'(μετά, 25절).
23 ⟨Stand by Me⟩는 1961년 발매된 벤 E. 킹(Ben E. King)의 팝송으로, 전 세계적으로 사랑받는 명곡이다. 밤하늘을 바라보며 친구에게 어떤 어려움이 닥쳐도 서로의 곁을 지키며 의지하고 극복하자는 약속을 노래한다.
24 필립 얀시, 『놀라운 하나님의 은혜』, 윤종석 역(IVP, 1997), 51.
25 개인주의 영성을 넘어 공동체의 영성, 온 세상을 위한 영성을 추구하라고 말하는 다음 책을 참고하라. 카일 데이비드 베넷, 『사랑 연습: 세상에 생명을 주는 영적 훈련』, 정옥배 역(IVP, 2019).